読み継がれる自分史の書き方

森　一夫

税務経理協会

まえがき

人はなぜ「自分史」を書くのか？　世界一の金持ちと言われた米国の大富豪、J・ポール・ゲティ（1892―1976年）は回顧録『石油王への道』（青木栄一訳、講談社）で、こう書いている。「私がこの本を書いた目的は、私自身、私の生活、私の仕事、そして世界のことを、過去、現在、未来にわたって、私がどう考えているかを、明確かつ包括的に述べる点にある。要するにこの本は、私のこれまで八十三年間の体験、観察のあるがままの総決算といえる」

「自分史」は人それぞれが歩んできた人生の「総決算」といっていいだろう。一仕事終えて引退するか、第二の人生に踏み切るか、そのとき、来し方人生を振り返って一度棚卸するのは大変意義のあることである。改めて見直せば、新しい自分を再発見できるかもしれない。それを文章にして残せば、自分なりの生きた証であり、大上段に構えて言えば、後生への道標にもなる。

こうした自分史の書き方を本書は具体的に述べていきたい。古今東西の経営者、思想家、政治家など各界のリーダーの自伝、自叙伝、回想録などをケーススタディの形で取り上げる。日本経済新聞には『私の履歴書』という人気コラムがある。筆者も4人のトップ経営者が執筆した『私の履歴書』の編集に携わった経験がある。本書は、日経の『私の履歴書』に留まらず、視野を広げていわば「リーダーの履歴書」ともいうべきものを参考にする。

様々な分野で新境地を拓いた人や大組織を率いた人などが、自分について語った著作は示唆に富み面白い。しかし自分史にはおのずと限界もある。人間は誰しも知られたくない面や、正当化したいことがあって当たり前である。これをどう書くかは難しいが、一頭地を抜いた人物はどのように書いたのかを知れば、大いにヒントになるだろう。

だが例えばパナソニックの創業者である松下幸之助は「経営の神様」と呼ばれた人物である。縁遠い存在に思えるが、子細に見ていけば考え方などに共通点が多く、学ぶことは可能だ。大事なのは、ぜひ書きたいと思う自分なりに紡いできた人生の物語である。

その物語はまだ、宝石の原石、あるいは料理の食材のようなものである。原石をカットして研磨することで、ダイヤモンドの輝きは生まれる。料理も食材を巧みに調理することによって、食通をうならせることができる。本書は、原石や食材の状態にあるそれぞれの物語を、一巻の自分史としてまとめる方法の手がかりを提供するのが狙いである。

どういう構成、筋立てで、どんな書き出しにして、いかに読みやすく、自分の人生を読む人に印象深く伝えられるか。各界のリーダー的人物の著作をいわば教材にして、具体的に解説する。例に引いた人物、著作については、なるべく全体像がつかめるように記述した。多彩なケースを参考にして、自由に自分史を書いていただければ幸いである。

本書は、あくまで自分史の書き方に焦点を絞っているので、文章の書き方には直接触れていない。漢字の使い方や文体等は、書く人の好みによるが、なるべく分かりやすく書く工夫をしていただければ結構である。登場する人物については、時代が様々なので、全て敬称を略した。

なお本書は、税務経理協会の大坪克行社長から「自分史の書き方について本を書いてみないか」と勧められて、執筆することになった。完成するまでに、編集上、有益な提案や助言を数々いただいた。大坪氏に深く謝意を表したい。

【読み継がれる自分史を書くための10カ条】

一．自分史は、人生のいわば「総決算」。どう生きたのか、思いを込めて唯一無二の自分の物語を書く。

二．何ものにもとらわれず、自由に、虚飾を排して、等身大の自分を、成功も失敗もありのままにつづる。

三．自分の人生は何だったのか、自分はいったい何者だったのかを見つめて、自分史全体を貫くテーマを決めて構成を練る。

四．記憶違いをなるべく避ける。日記、手帳、メモ類、その他の資料を用意し、関係者に事実を確認するのもよい。

五．人はみな時代の子であり、置かれた環境と無縁ではない。時代背景を適切に取り込むことによって厚みのある自分史にする。

六．読む人をひきつけるには、書き出しが重要である。どのような書き出しにするかで、全体の印象も決まる。

七．具体的なエピソードを中心につづれば、臨場感が増して文章が生き生きとする。事実の羅列だけでは年譜である。

八．陰影に富む自分史にするため、大小様々な転機をヤマ場として描く。人にはそれぞれ節目となる経験がある。

九．文章は誰にでも分かるように努めて平易に書く。独りよがりにならないように、客観的な目で読み返す。

十．自分史を書き進むうちに自己認識が一層深まる。改めて知る自分の真実を最終章に書き込んで締めくくる。

目次

目　次

第1章　思いが伝わる自分史の条件

1　誰にもある自分史という物語

「自分は自叙伝など、少しも書きたくない。自分の半生には書くだけの波瀾も事件もないのである」。この文章から作家菊池寛（1888－1948年）の『半自叙伝』（『菊池寛　短編三十三と半自叙伝』所収、文芸春秋）は始まる。「また私は久米や芥川などと比べて、具体的な記憶に乏しい」と続く。久米と芥川は菊池の学生時代からの友人で、作家の久米正雄と芥川龍之介である。

こう言われて我が身を省みると、なるほど自分も他人を感動させたり「ほう」と思わせたりする経験に乏しい。とはいえ考えてみれば、人にはそれぞれかけがえの無い「自分史」があるはずである。

作家と政治家の二足の草鞋を履いた石原慎太郎は『人の心を動かす「名言」』（KKロングセラーズ）という本の「監修のことば」に、人と人との偶然の出会いを「奇跡」ととらえてこう記している。「しかし、もっと奇跡的なことは、人間がその人格としてこの世に生を受けたという事実である」と。

確かに、なぜこの境遇で生まれてきたのか、どうして今に至る人生を歩むことになったのか、いくら考えても合理的な説明はみつからない。

オロナミンCなどで知られる現在の大塚ホールディングスの礎を築いた大塚正士は「人生はパチンコ玉みたいなもの」と言っていた。打ちだされた玉はあちこちの釘に跳ね返されながら、最終的に当たりか外れか、どう落ち着くか予測できない。大塚は兵隊から帰ってきて、戦後の激しいインフレに乗って成功のきっかけをつかみ、終戦直後には従業員十七人だった零細企業を父親から引き継ぎ大企業に発展させた。「もしインフレがなければ、今の私は無かったね」と述懐していた。しかしインフレに出会った運に、いろいろな偶然が組み合わさって、大塚正士の生涯は彩られている。

平凡に見える人生でも、あみだクジのように就学、就職、結婚、子供の教育など様々な分岐点で、一つひとつ選択を迫られる。偶然にも大きく左右される中で、あの時、もし違うクジを引いていたら、全く別の人生になっていたと考えられる。

こうしてみれば、世界で唯一無二の自分が今こうしているのは、実に不思議なことである。小さくても一つの奇跡と言えるかもしれない。その数十年の人生によって、自分史の材料は膨大に積み上がっている。書くのに、材料には事欠かない。ただし自分の思いを文章にして、自分史という一編の物語としてまとめ上げるには、それなりの作法が要る。その導入部に当たるのが本章である。

「書くだけの波瀾も事件もない」菊池寛

菊池寛は、学生だった大正時代初期から小説を書き始めた。流行作家の地位を確立すると、大正12年（１９２３年）に34歳で『文芸春秋』を創刊し文芸春秋社を創業した。一時、映画会社の大映の社長も兼務しており、小説家という枠を越えた多才な人物である。

終戦後、リベラルな人間と自負する本人は大いに不満だったが、戦時中の戦争協力を理由にＧＨＱ（連合国軍総司令部）によって公職追放にあい両社の社長を退いた。だが菊池が残した文春ブランドは、総合雑誌『文芸春秋』や『週刊文春』、書籍の出版に加えて、芥川賞、直木賞の主宰などで発展を続け、今も大きな存在感を維持している。

文学者菊池寛について片岡良一編『岩波小辞典　日本文学－近代－』は、『無名作家の日記』や『忠直卿行状記』などで人気が出て、「その平明な作風がひろく迎えられて、華々しい活動を続けた」と紹介している。

いわゆる純文学との対比で、菊池の作品には、本人も認める「通俗小説」や「大衆小説」という評がある。人間心理の裏表を巧みなストーリー展開で描き、一筋縄ではいかない不可思議な人間存在の真実を浮き彫りにする手並みは卓抜で、読み手を飽きさせない。菊池寛は、今に至る影響も併せて、文芸の世界におけるリーダー的存在の一人と位置づけられよう。

「書くだけの波瀾も事件もない」との書き出しの『半自叙伝』も、期待を裏切らない。昭和３年（１９２８年）５月から雑誌に連載を始めた理由を「ただ、『文芸春秋』に何かもう少し書きたいため、自叙伝的なものでも書いてみようかと思うのである」と書いている。いたって素っ気ないが、菊池寛だからこそ逆に、何が書かれているのか読者の興味をそそる。普通の人がこう書いたら、よほど関心のある人以外は真に受けて詰まらなそうだと、ページを閉じてしまいかねない。

菊池の小説を高く評価する作家の松本清張は「小説は『何を書くべきか』が前提であるから、それが決まってから『いかに書くべきか』の作法の問題となる」と、『実感的人生論』（中公文庫）に書いている。これは自分史についても、そのまま当てはまる。自分が歩んできた長く複雑な歴史の何を書くか、きちんと押さえて取り掛かる必要がある。

菊池の『半自叙伝』は、子供のころから金に困ったという話が繰り返し出てくる。冒頭で「具体的な記憶に乏しい」と断っているが、数字にも詳しい。早熟で、少年のころから知的好奇心というべきか、知識欲が旺盛だった。金が無い中で、学業をどう続けるかに腐心した経験などから、同世代の若者より大人びた人格を形成した経緯が書き込まれている。

市井の人たちの共感を得る人気作家であり、また出版人としても大をなし、後輩の育成にも足跡を残した「菊池寛」の形成過程をかなりリアルにつづっている。つまり松本清張が求める「何を書くべきか」の条件を十分満たしているわけである。

ただし注意すべき点がある。人物もので健筆をふるった作家小島直記に「自伝には概してウソがあり、そのまま信じてはいけません」という趣旨の話を昔聞いたことがある。小島はエッセイ集『スキな人キライな奴』(新潮文庫)にこんな文章を残している。

「『伝記』には周知のように、本人が自分の生涯を書いた(語った)『自伝』と、他人が書いた『他伝』の二つがある。自分のことは自分が一番よく知っているはずだから、『他伝』よりもつねに『自伝』のほうがすぐれているということにならねばならぬのに、現実はそうではない。自分の生涯のディテールは自分が一番よく知っていようが、だからといって自分の本質を一番よく理解しているのが自分だとは限らない。むしろ、ほとんどの人間の場合、自分のことが一番わからないのは自分である」

本質をついた指摘である。他人と言い争って、相手を怒らせた時、「本当のことを言ってしまったからな」と思ったことは無いだろうか。逆もあり、鋭く批判されて、つい「何を言うか」と腹が立った覚えはないか。後で冷静になって、痛いところをつかれたなと振り返る場合がある。

普段、意識していない欠点や弱点をズバリと言われれば、的外れだと反発したくもなる。しかし感情的になる背景には、自分の嫌な面を気付かされたという不愉快な気持ちがしばしば潜んでいる。ことほど左様に、知らない自分、知りたくない自分がいくつもあって、実際、分かっているようで分からないのが自分である。

古代ギリシャのデルフィの神殿にあったと言われる「汝自身を知れ」という箴言は、ソクラテス以来、哲学における永遠のテーマである。故に己を真に知る者は賢者とされる。

自分を完璧に知ることは不可能だとしても、自分史を書くに当たって、これまでの自分自身をよく見直して、何を書くのか決めなければならない。例えば、60年の人生ならば、全てを逐一書けるわけではない。自分は何者だったのか、できる限り突き詰めて、出来事を取捨選択する。いわば編集作業を伴う執筆によって、自分史というノンフィクションの物語は出来上がる。

自己認識が甘ければ甘いほど、リアリティーを欠き、第三者の客観的な目を通した人物像とずれを生じる。その点では、菊池寛の『半自叙伝』における自己認識と第三者の認識とはほぼ一致しているように思う。

親友の芥川龍之介は「菊池と一しょにゐると、何時も兄貴といっしょにゐるような心もちがする」（筑摩書房刊『芥川龍之介全集』第6巻）と書いている。

「菊池が兄貴らしい心もちを起させるのは、主として彼の人間が出来上ってゐる結果だろうと思ふ。ではその人間とはどんなものだと云ふと、一口に説明する事は困難だが、苦労人と云う語の持ってゐる一切の俗気を洗ってしまへば、正に菊池は立派な苦労人である」（同）

芥川は一高で菊池とクラスメートだった。わけあって高等師範、明治、早稲田などを経てきた菊池は、芥川より４つ年上である。風貌からして、当時おっさんの風格があったのではないか。『半自叙伝』に「私も十ぐらいまでは、可愛い子であったろう。私は、十四、五歳になり、身体が発達するに従って醜くなった。父に『お前ぐらいおとなびた変な顔をしている奴はない』といわれて、いやな気持ちをしたことを覚えている」と書いている。

菊池は初対面の芥川を「眉目清秀の才子」と形容し、「白皙で、唇が気持ちがわるいくらい、真赤だった。都会育ちの少年らしくよわよわとしていた」と評する。その芥川が見た苦労人菊池寛の印象を、『半自叙伝』は裏書きしている。人間をよく理解した作家の目で、自分自身についても書いているからだろう。

自分史の条件としてまず欠かせないのは、前述の通りやはり「何を書くべきか」をはっきりさせることである。そこがあいまいだと、取りとめのない文章になり、読み手に正しく伝わらない。それが何かは、人によって千差万別である。菊池寛の場合は、金の苦労が一つのテーマになっている。

人は人間関係や仕事上の問題など、精神的に諸々の悩みを持っている。さらに実際の生活では、月給が安い、もっと豊かな生活がしたい、老後の資金をためたいなど、大なり小なり収入について悩みや不安を抱えている。それを菊池寛は恥と思わず隠そうとしない。現実の人間の一面と受け止めているのだろう。金の苦労との格闘が、創作活動も含めて生き方に大きく影響したことが、『半自叙伝』の重要な柱になっている。

連載は公職追放を受ける直前の昭和22年（1947年）6月で終わる。その最後の回で、「私は文壇に出て数年ならざるに早くも通俗小説を書き始めた。私は、元から純文学で終始しようという気など全然なかった。私は、小説を書くことは生活のためであった」と、堂々と述べている。

「青少年時代を貧苦の中に育ち、三男ではあるが没落せんとする家をどうにかしなければならぬ責任があった。第一生家のわずかな土地家屋が抵当になっていたから、そうした借金も返さねばならなかったから、金になる仕事はなんでもする気だった」

極めつけは「清貧に甘んじて立派な創作を書こうという気は、どの時代にも、少しもなかった」というくだりである。だからといって菊池寛が金のためなら何でもやった人物でないことは、作品をいくつか読むだけでも十分わかる。これだけあけすけに書けるのは、成功したからだとも言える。本当の貧乏に痛めつけられている人には、このようにおおっぴらには書けないだろう。

菊池寛は明治21年（１８８８年）12月26日に、四国・高松藩の藩儒だった家に生まれた。知識階級に属していたが貧乏士族なので、「私の家は、随分貧しかった。士族らしい体面を保っているために、かえって苦しかった」という。父親は小学校の庶務係で、「月給は8円ぐらい」と具体的である。とはいえ極貧というわけではなかった。明治半ばの日本は、国全体が貧しかった時代である。県立高松中学に進学できたのだから、相対的には中間層といえるだろう。

もう一つの柱は、学資不足にもかかわらず貫いた向学心に象徴される不屈の知的活力である。「私は、読書の点においては、非常に早熟であったように思う。尋常4年の頃、新聞の小説を読んで恋という字の意義を知っていた」。「高等小学校3年頃には、『文芸倶楽部』を耽読した。今の『中央公論』『改造』である」。これは昭和3年の連載第1回の文章である。

中学では、高校、大学への進学を熱望していた。しかし先立つ学資が無い。このため授業料が要らず、学資給与の特典もある東京高等師範学校にやむを得ず入学した。

志望した学校ではないので、さぼって芝居を見に行くなど気ままに過ごしていた。結局、授業に出ないでテニスに興じていたのが咎められて、放校されてしまう。

これにはさすがに堪えたようだ。「私は元来いやな学校へ入学させるからいけないのだと父や兄にいったが、しかし内心かなり困った」と書く。2年間をふいにして金も無い、普通の人間なら落ち込むところだが、すぐ次の算段をする。

小説家というと、ステレオタイプとして芥川のような鋭敏な神経の持ち主か太宰治型の生活破たん者のイメージが思い浮かぶ。しかし菊池寛は、タフな実際家である。後に文芸春秋社を創業して社長業をこなしていることからも分かる。

当面、生活のために法律家になろうと決心し、学資を工面するために、『半自叙伝』に「老人」と書く伯母のつれあいの養子になる。「この老人は、高利貸でもしかねまじき老人で、私に学資を出そうというのは全然投資の意味なのである」と、割り切っている。

ところが一旦は明治大学に入ったものの、すぐに心変わりする。やはり一高、東大と進み文学で身を立てようと退学する。今度は徴兵猶予のために早稲田大学の文科に籍を置きながら、一高受験の準備を始める。法律家を期待した養父は当てが外れて、菊池を離縁する。一高進学には実家の父親が賛成し、学資を出してくれることになった。借金になるわけだが、父親をどう説得したのか具体的に書いていない。

入学試験は「百何十人かの中で三、四番」と好成績だった。「むろん、僕は一高時代も貧乏で困っていた」という。実家からの仕送りである学資は月に12円で最も少ない部類だったそうだ。賄費と寄宿費で7円、小遣いは残り5円。金について具体的に書いているのが菊池の『半自叙伝』の特徴である。芝居を楽しむなど自由な学生生活を謳歌していたので、5円の小遣いで足りるわけがない。いつも火の車で、辞書、教科書などを質に入れて補う始末だった。

金に困る経験が続くと、人によってはいじけたりせせこましくなったりする。だが菊池は動じるでもなく、器の大きさを感じさせる。それをあらわす事件が一高時代にあった。卒業まであとわずかという時に、親友の盗みの罪を自らかぶって退学させられたというのである。このエピソードは『半自叙伝』のヤマ場といえる。

菊池は後にこれを『青木の出京』という小説にしている。『半自叙伝』でも問題の親友を「青木」の仮名で書いている。「自分と青木とは親友であった。二年の初めから丸二年間形影相伴うごとく起居を共にした親友であった。自分は、青木を愛しもすれば尊敬もしていた」

ある日、青木は女性とのデートに行くのにマントを着て出かけた。自分のマントは質に入れていたので、他の部屋の友人から借りたとのことだった。2日ほどたって、一文無しの菊池と青木は金の算段をした。まだ手元にあったマントを質草に金を借りて、後で家から金が来たら返せばいいと、話は決まった。

乱暴だが、この程度のことはしょっちゅうだったらしく、菊池がマントを着て質屋に行った。しかしマントは借りてきたのではなく、黙って拝借、すなわち盗んだ物だった。悪事はたちまち露見し、その晩、菊池は寮務室に呼び出された。教員に質されて、思った通りマントは青木が借りた物だと答えた。では青木に話を聞こうとなったが、青木は外出中でなかなか戻ってこない。

待っている間、教員から事情を詳しく聞いて、借りたのではなくて盗んだ物だと初めて知る。ここに青木が来れば、自分は救われるが、青木は犯人としてつかまる。菊池は「自分の嫌疑を晴すと同時に、青木も救ってやりたい気がして来た」。それには青木と会って、善後策を講じなければならないと考えた。このため「じゃとにかく僕がしたことにしましょう」と、いったん罪を認めて寮務室を出た。

ようやく帰って来た青木に、マントは本当に借りた物かと尋ねると、「本当だとも」と言う。では一緒に寮務室に行って説明しようと促すと、青木は青ざめて「どうしよう、どうしよう」と泣き出した。もし青木が盗みで退学処分になったら、文教関係の職に就いている郷里の父親も職を辞さざるを得ない。

青木は泣きじゃくるばかりで寮務室に行くと言わない。無理に連れて行って自分の冤罪をそそぐ気に、菊池はなれない。「私は、とうとう青木の代わりに学校を出る決心をした」。たまたま青木が不在だった結果で、「初めから好んで義侠的に身代わりになろうと思ったのではなかった」と書くが、「青年客気の情熱の赴くまま」ということなのだろう。

菊池は退学となったが、話はこれで終わらなかった。同じクラスの長崎太郎が退学の事情を聞くために訪ねてきた。「僕は、長崎にだけは、本当の事情を話した」。長崎は義憤にかられたのだろう。新渡戸稲造校長に真相を話してしまった。「これは、僕としては意外だった」。そんなことを期待して話したわけではなかったからだという。一高は再調査を決め、菊池を呼び出し改めて事情を質した。

菊池は「僕はむろん、前言を翻すようなことは卑怯なことだったので、あくまで自分だといった」。退学は覆らず、菊池は青木を守り通したわけである。この仮名の「青木」は、後に共産党の幹部になった佐野文夫である。昭和元年（1926年）12月4日、山形県五色温泉で開かれた日本共産党再組織協議会で委員長に選ばれている。昭和3年の三・一五事件で検挙されて転向し、その3年後に病死した。菊池は当然、佐野が逮捕されたことを知ったうえで、事件のくだりを書いている。

退学事件のてん末について『半自叙伝』の記述は、事実と微妙に異なるところがあるようだ。関口安義著『評伝成瀬正一』（日本エディタースクール出版部）に詳しい。成瀬正一は菊池とは寮の部屋も同じで、事件の経緯を日記などに書き残している。『評伝成瀬正一』によれば、成瀬は菊池の退学を知って、4月17日の日記に「菊池はもう退学願を出してしまった由だ。彼に去られるのは悲しい。彼は私の先輩の様な人であった。（中略）私にできる事ならなんでもするから彼が復校することを切に願っている」とショックを記している。

菊池から事情を聞いた長崎太郎が書き残した文章も、『評伝成瀬正一』に引用されている。ある夜「菊池君が沈んだ顔をして、ひょっこり私を訪ねて来た」。菊池は長崎に「誰にも話さない」と約束させて、真相を話した。「すべての人が俺を泥棒と呼んでも、俺が泥棒でないことを、君だけには知って置いてもらいたい」と語ったという。

しかし前述の通り、長崎は菊池の名誉回復のため動いた。事のてん末を知った学校の再調査によって、事実を明かさなかった菊池の退学はそのままだったが、佐野が新たに休学処分になった。菊池は長崎の行為を知って怒った。『評伝成瀬正一』に「菊池は『俺の犠牲を君が無にしたのだ』と長崎を強く詰責し、猛烈な内容のはがきを数通送りつける」とある。

菊池は『半自叙伝』で長崎の方から事情を聞きに来たと書いているが、実際には自ら長崎を訪ねて打ち明けたようだ。佐野の身代わりになるとしても、一切黙して語らずではいられなかったのだろう。菊池もやはり人の子ということだろう。ある意味で人間の弱さだが、それを認めたくないから、『半自叙伝』には、長崎の方から尋ねてきたことにしたのではないか。また佐野が休学となったことや長崎に怒りをぶつけたことは書いていない。

この辺りが自分史の難しい点だ。「自伝には概してウソがある」という作家小島直記の言葉が想起される。菊池が長崎に激したはがきを送ったのは、余計なことをしてくれたために、守ったはずの愛する佐野が休学に追い込まれたことへの憤怒が直接の動機と思われる。しかしもとはと言えば、自ら長崎に告白したからである。長崎への怒りは、事実を明かしたことへの自責の念が感情の爆発となって噴出した結果と思われる。

こうした経緯を菊池は書いていないので、確かなことは分からない。盗みによる一高退学という不名誉を背負ったことと、口止めしたにせよ第三者に真相を語ったことへの悔悟《かいご》は、心の傷として残ったのだろう。一方、佐野は当初、けろっとしていたようだ。『評伝成瀬正一』によると、長崎に問い質された佐野は「菊池が破廉恥やったんだよ。何度言っても同じことだ」と言い張り、悪びれる様子がなかった。

『半自叙伝』の「自分の半生には書くだけの波瀾も事件もない」という冒頭の一文とは裏腹に、菊池にとって一高退学事件のてん末は、取り分け重要な書くべき何かだったに違いない。一高を退学した菊池は、成瀬正一の世話で成瀬の父親に学資を出してもらって、京都帝国大学英文科に入学する。在学中から小説や戯曲を書き作家の道を歩み出し、以後『文芸春秋』創刊に突き進む。

『折りたく柴の記』新井白石

本人にとってぜひ書き残しておきたいことが、自伝、つまり自分史を書く動機とエネルギーになるのである。江戸時代中期の新井白石（１６５７－１７２５年）の『折りたく柴の記』も、それである。新井白石は儒学者であるとともに政治家で、どちらも「大」がつく傑出した人物である。徳川６代将軍家宣と7代家継にいわば政治顧問として仕え、間部詮房とともに「正徳の治」と呼ばれる文治政治を推し進めた。

『折りたく柴の記』は、日本の自伝文学を語る場合、必ず取り上げられる。例えば仏文学者の桑原武夫はこう書いている。

「西洋において近代的自叙伝は、チェルリーニ、なかんずくジャン＝ジャック・ルソーの『告白』にはじまる。中国には、胡適の『四十自述』（一九三三年）までこのことがない。日本には、ルソーに先立つことおよそ半世紀に、新井白石の『折たく柴の記』（１７１６年）が孤立した巨峰としてそびえるが、以後、福澤諭吉の『福翁自伝』（１８９９年）まで見るべきものがない」（講談社刊『20世紀を動かした人々２　近代日本の思想家』）

桑原は「そもそも自叙伝をつくるというといとなみは、その基本に他者と区別された自己の認識、個我への確信がなければならない」（同）という。新井白石は「武士道というは、死ぬことと見つけたり」（『葉隠』）という封建時代に生きた人である。しかし業績は時代を大きくはみ出しており、全てにわたって自信家で、政敵からは「鬼」と呼ばれるほど意志強固だったらしい。

『折りたく柴の記』の序に、昔の人は余計な話をしないので、いろいろ聞きたいと思っていたが、聞けないうちに、皆、亡くなってしまったと書いている。「世間一般のことならば、それでもよかろう。父親や祖父のことがくわしくわからないのはくやしいが、いまはもう尋ねる人もない。このくやしさから、私の子どもたちもまた、私と同じようになることもありうると悟った」（桑原武夫訳『折りたく柴の記』、中公クラシックス、以下同）と、自分の来歴を書きとめることにした動機を述べている。

執筆したのは数えで60歳になった享保元年（1716年）である。その年に、将軍家継がわずか8歳で亡くなり、紀州藩主の徳川吉宗が8代将軍になり、白石は間部とともに免職になった。政治の表舞台から、突然、退けられたのである。

「いまはひまのある身になった」ので、来し方を振り返って書いておこうというわけである。『折りたく柴の記』は上中下の3部構成になっている。上巻では、祖父、父のことを書き、自分の少年時代から、浪人を経て、甲府藩主徳川綱豊に召し抱えられ侍講《じこう》として重用されるまでを記す。侍講とは、殿様に様々な学問を進講するいわば家庭教師である。

綱豊は5代将軍綱吉の死去に伴い、6代将軍家宣となる。中巻では、家宣の知恵袋、参謀役として多くの政策決定に関わる話をつづる。下巻は、家宣死去により7代将軍になった4歳の家綱を補佐役として助け、家綱が8歳で亡くなり身を引くところで終わる。

白石の『折りたく柴の記』が自伝文学としてだけでなく、歴史資料としても貴重なのは、当時の政策決定の裏側を記録しているからである。綱吉から引き継いだ文治政治が完成して、8代将軍徳川吉宗にバトンタッチするまでの江戸中期の政治について、幕府中枢にいた者でなければ書けない回想録ともいえる。ここから白石がこの執筆にかけた想いが読み取れるのではないか。

自伝文学の研究者佐伯彰一が『日本人の自伝　別巻1』の解説で端的に書いている。

「この一見、じつに平静、沈着な筆致でつらぬかれた自伝は、白石の生涯における、もっとも大きな挫折、失敗の所産であった」と見る。「いわば学者・政治家として、望み得る最高の位置を占めていた訳だが、家継の夭折、新将軍吉宗の登場によって、にわかに失脚のうき目を見た」

「頭脳強靭、知識もゆたかなこの自信家にとって、これが、どれほどのショックであり、にがい挫折感を胸中にかみしめざるを得なかったかは、想像に難くない」と推し量る。前述の『折りたく柴の記』の「父親、祖父のことがくわしくわからないのはくやしいが、いまはもう尋ねる人もない。このくやしさから」というカ所に注目する。そこに隠された含意があると読み、「『折りたく柴の記』は、「くやしさ」の自伝であった」という。

そう白石がはっきり書いているわけではないが、示唆的なくだりはある。下巻の末尾で政権交代後に、ともに家宣、家継を支えて幕政を取り仕切った間部詮房を悪く言う声が出てきたことに反論している。詮房がいかに公正に政務に精励してきたかを書き、「ところが、こんにちでは、人びとにとやかく言われることもあるようだ」と、周囲の手のひらを返すような態度の変化をあきれる。

このようなことは今も変わらない。相手が権力の座にある時は、陰でひそひそと不平不満を言う程度だが、相手が地位を失うと声高に批判し始める。政界でも経済界でも、あるいは企業内でも、珍しいことではない。

「この人（詮房）がこうした職につかれることが適当でなかったとするならば、たとえ御先代（家宣）のときといえども、その職を停止することは、老中たちの権限でできたはずである。まして幼い将軍（家継）の時代に、その職をやめさせるのに、なんのむつかしいことがあったであろう」

自分自身についても「私が意見を申し上げたところが人びとの意見に一致せず、実行されなかったことがいくらもあった」と、自分は専横をほしいままにしたことはないと弁ずる。しかしその程度の批判はまだよいという。

徳川家譜代の家臣たちが『いままでは、御幼主であられたのでいかにも不安があったが、今後は、お家はまったく安定した』などと相互に祝いのことばを言われ、詮房殿のことに関連して、御先代のことも悪しざまに言われるようなことは、百年をへて、世論が定まる日に、天下の人びとから批判されることは恥ずかしいことである」と結んでいる。今いい気になっていると百年後に批判を浴びるぞとは、よほど腹に据えかねたのであろう。

白石は、自分について幼いころから才能豊かで早くから学問を志し、学者としても政治家としても超一流の業績を上げたと『折りたく柴の記』に書いている。うわべだけみると、単なる自慢話を書き連ねたような印象を受けるかもしれない。

だが佐伯彰一が言う「くやしさ」の自伝だとすれば、理解できる。失脚後に聞こえてきた不当と思える世評に対する反発が、自分の事績をきちんと書き残しておきたいという気持ちにさせたのだろう。

3歳で字を覚え始めている。4、5歳のとき父親などと一緒に『太平記評判秘伝理尽抄』の講釈を聞き、「講釈が終わると、その意味を質問したりすることもあったので、人びとが感心なことだと言った」という。6歳で詩を暗唱し、3歳から父親が仕える上総国久留里藩の藩主土屋利直に見込まれて寵愛される。「13歳のときからは、殿が人とやりとりされる手紙は、たいてい私に命ぜられた」というのだから、やはり神童である。

ただし全て順風満帆だったわけではない。土屋利直が亡くなって、世継ぎの伊予守は利直が重用した家来を嫌ったという。「一年たって、わけのわからぬことを言いだして、父上に賜っていた俸禄を奪い、私にも出仕の道を閉じられて、土屋家から追い出してしまわれたのである」

『折りたく柴の記』（桑原武夫訳、中公クラシックス）の年譜や『日本思想体系35新井白石』（岩波書店）所収の加藤周一が書いた『新井白石の世界』を読むと、「土屋家の内紛」の巻き添えになったようである。数え年21で浪々の身となり貧乏暮らしを余儀なくされる。金持ちの商人の養子や婿入りを勧める話もあったが断った。23歳で土屋伊予守が改易になって、仕官が可能になり、26歳で大老堀田正俊に仕える。

ところが正俊が江戸城中で刺殺されるという事件が起き、嫡男正仲が継いでから財政がひっ迫して、家臣は禄米を減らされる。白石も生活が苦しくなった。我慢にも限度があり、35歳で堀田家を去った。私塾を開いて糊口をしのぐ。

二度も浪人になるという苦汁をなめたのだが、鋭意培ってきた学問によって身を立てることができた。17歳で儒学を志して早くから儒者として世に出る大望を抱き、30歳で儒者木下順庵に師事した。甲府藩に仕官できたのは、木下が儒者を求める甲府藩の相談に応じて、白石を折り紙付きで推薦したからである。

進講を始めると藩主徳川綱豊の信頼をたちまち勝ち得た。綱豊は学問に非常に熱心で、将軍家宣になってからも白石の講義は続いた。『折りたく柴の記』の記述は「私がお使いとして京都に上ったときと、朝鮮の使節の応接を承ったとき以外は、十九年のあいだやめられることがなく、私が講義にのぞんだのは合計一二九九日である」と具体的である。

「日本や中国の古今において、これほどまでに学問を好まれた君主の話は、かつて聞いたことがない」。この讃辞によって、白石は甲府時代から将軍家宣の懐にいかに深くくい込んだかを暗に示している。

将軍になる前の綱豊に、白石は諸侯の系譜をまとめた大部の『藩翰譜』を執筆して進呈した。これは各諸侯の来歴を簡単に知ることができるいわば便利なガイドブックである。

『折りたく柴の記』によれば、進講の後、席を改めて中国や日本の歴史などについて、よく話に花を咲かせたようだ。綱豊が特に関心を持ったのは徳川家康の天下統一についてで、「国初以来、俸禄一万石以上の人びとのことを、進講のひまなおりに、なんとかして書き記して差し出せ」と言われた。

元禄13年12月11日のことで、年が明けて1月11日に正式に命じられた。白石は「諸家の事跡を調べあげて、七月十一日になって起稿し、十月になって脱稿した」。延宝

8年（1680年）までの80年間、取り潰された家も含めて337の大名家の来歴を、合計13巻を20冊に分けてまとめた。白石は自分で清書して翌元禄15年の2月19日に綱豊に進呈した。『藩翰譜』という書名は綱豊の命名だという。

なぜこれが書かれたのかについて、宮崎道生岡山大学教授（当時）が『徳川将軍列伝』（北島正元編、秋田書店）の中で、このように推測している。

「おそらく本書は白石の示唆によって編修されることになったものと思うが、白石の考えでは綱豊は5代将軍の世子の第一候補者と見なしてよい人物であるから、将来、将軍となる日に備えて大名家全体について熟知しておくことが必要であり、綱豊にそういう意識と自覚とを持って貰うことが何より大事である、と考えたからではないかと推測する」

将軍には全国の大名についての知識が欠かせない。綱豊も将来の将軍職を意識して、諸大名の系譜を頭にしっかり入れたいと考えたのではないだろうか。実際に、綱豊は助走を経て第6代将軍家宣になっている。白石は家宣に旗本に取り立てられ、立法、行政、司法にわたる様々な問題に意見書を出すなどして助言し、幕府の政策判断に大きな影響を与えた。

白石は論争に際しては相手に臆することなく、論理的に主張を通した。例えば、儒者林羅山から幕府の教学を取り仕切る林家の三代目、林大学頭信篤の見解の誤りを何度か正したことを書いている。

他界した綱吉の石棺に刻む銘文の形式をどのようにすべきか家宣に尋ねられて、文書にして提出した。林大学頭信篤の作成した草稿に疑問を感じたためで、家宣は林大学頭と白石の草稿について、日光・輪王寺の門跡、公弁法親王に意見を求めた。果たして白石の草稿の方がよろしいとの返事を得て家宣は、信篤に白石の草稿を渡してこの形式で名文をつくるように命じた。このほかにも信篤の誤りを指摘したケースを載せており、学識で林家を超える実力があったことを示している。

財政政策に関しては、実力者だった勘定奉行の荻原重秀を批判して方向を変えさせた。荻原は最終的に罷免された。菊池寛の『半自叙伝』が人間形成史の色彩が濃いのに対して、白石の『折りたく柴の記』は政治の裏面史の要素も多い。さらに当時、まだ残っていた戦国期の武士の気風を伝えるエピソードもあって、江戸時代中期の政治や社会を知る手がかりとしても読める。自分史は、1人の人間の個人的な歩みと、生きた時代の記録との両面から成り、その比率が筆者の個性を示す。

評論家加藤周一は、文才についても目をみはる。「日本語の散文作家としては、簡潔で明快な叙事の文章に卓越し、おそらく元禄・享保の間の文章家として、西鶴とならび称することができる」（『新井白石の世界』）と評価する。また「知的活動のこれほど多方面に及んだ人物は、徳川時代に稀なばかりでなく、日本史上にも例が少ない。強いて例をもとめれば、白石に匹敵するのは、恐らく弘法大師空海であろう」（同）とまでいう。

この章では桑原武夫訳を借りて紹介したが、文章の冴えは原文で味わえる。ただし白石は広く読まれることを期待して『折りたく柴の記』を書いたのではないらしい。岩波文庫の『折たく柴の記』（松村明校注）の解説は、新井家以外の人たちには読ませるつもりのない「いわば非公開の自叙伝ともいうべきものである」と述べている。

将軍の肉声を伝え、幕政の内幕を具体的に書いているので、白石は公開をはばかったのだろう。現代ならば何も問題にならないが、当時はもし幕府を少しでも批判したととられると危険なので、非公開にしたのはうなずける。しかし完全に門外不出にはならず、江戸時代になぜか一般に流布されていたそうだ。それだけ部外者にも興味をそそる魅力的な自伝だったためと思われる。

2　自由に書くところに面白さ

菊池寛と新井白石の自分史はそれぞれ重いテーマが背景にあるが、自由闊達に書かれたものも明快で読み手を引きつける。電力の鬼、電力王などの異名をとった松永安左エ門（1875−1971年）の『私の履歴書』はその典型例である。昭和39年（1964年）1月に、88歳で日本経済新聞に連載した。いわゆる知る人ぞ知る剛腕実業家で、95年の生涯は破天荒そのものである。

「電力の鬼、電力王」の破天荒な人生　松永安左エ門

自著の『勇気ある自由』（五月書房刊『松永安左エ門著作集第一巻』所収）にも、型破りな一面が表れている。昭和28年（1953年）、雑誌『心』の座談会の席で、哲学者で当時学習院院長だった安倍能成に「どうしてアナタのような人がそんな資本家などになったのか、理由があろうから立ち入ってはなしてくれ」と尋ねられた。

たぶん実業家松永と、茶人でイギリスの歴史家トインビーの『歴史の研究』の翻訳

事業にも乗り出そうという文化人松永とが結びつかなかったのだろう。松永は「いわゆる学者先生として一生を送られた方には不思議な感じがおありなのだろう」と受け止めて、次のように答えた。

「若い時は女道楽がしたい、これには金がいる。多くの人を使って仕事を拡張してみたい、これにも金がいる。だから私は大学を卒業せぬうちに大阪で石炭屋になり、ブローカーになり、中国の上海と漢口に店を開き、相場に手を出したりするなぞ二十八歳頃まで冒険的な商売をしていた」

ついでに「とにかく若い時、金が欲しければ泥棒をせぬ限り何でも商売して儲ける、使う、貯める、性欲が昂じてくれれば、泊り合わせた他人の女房でも夜這いに行く」ということまで、開けっ広げに書いている。

しかし松永のある種の凄みは、失敗を機に生き方を変えたところだ。そうでなければ、電力王の異名をとることもなく、悪名を残して終わったかもしれない。

明治41年（１９０８年）、32歳で九州の広滝水力電気の監査役になり、翌年、福博電気軌道を設立し専務に就いた。こうして電気事業に乗り出し、後に日本の電気事業を牛耳り、松永の言う「パブリック・マインド（公共心）」をもった事業家として大成した。

松永の人生は一見、矛盾しているように見えるが、いかなるときも正直に生きたのだろう。自由に生きたいとほとんどの人は願うけれど、なかなか難しいのが現実である。松永は自由奔放に生きた稀有な人物で、型通りに言えば、自らの人生哲学を貫き、それを自分史として残した。

日本経済新聞につづった『私の履歴書』は「これまでの自分をふりかえってみると、正直にいって多くの点で私は失敗者だと自己判断する」と最初に断っている。「電気事業のみならず、いろんな仕事で画策し、いまもまだ続けているが、思い通り運んだものは一つもない。それでも今日どうやら働いておられるのは悪運の強い男だとつくづく思う」

業績をたどれば、「失敗者」なのかと疑問に思う。確かに松永には失敗があり、「すってんてん」になったこともある。しかし世俗的な「失敗」や「成功」を超えたところに人生の「成功」があるという信念が、自由な生き方の背後にどんと控えている。

著書の『私の人生読本』（『松永安左エ門著作集第一巻』所収）に、地位の高下で成功をはかる日本人一般の立身出世主義を軽蔑し、「こいつは日本人の最もわるい癖だと思われるねえ」と指摘している。

日本のある在外大使館の例を引く。長年の精勤に報いるために、老門番を書記役などにしてやろうとしたところ、本人が異議を申し立てた。「どんな落ち度があって、長年務めてきた門番を辞めさせられるのか。誇りをもって忠実に務めてきたのに心外に堪えない」と言うわけだ。

松永は「まことに見上げた職責感、職業観」と評価する。「世間的な見てくれの成功を蹴ッとばしても、自分自身の自信と満足に働きとおすことが出来れば、それが本当の成功というものではあるまいかと思う」

一方「明らかに失敗と思われる結果を招いたとしても、全力をつくしての失敗なら何ら悔やむべきものはないのである。悔やむなき一生の獲得こそぼくは誇るべき成功の一生とみたいのである」と考える。

そうは言っても松永は世間的には大成功者である。『松永安左エ門著作集第三巻』の月報に、芦原義重関西電力会長が松永を称える文章を寄せている。松永の功績は戦前に留まらず、「わが国電気事業戦後の発展は翁によって生まれ、翁によってはぐくまれた、と思っている」と称賛する。

80歳、90歳になっても、実業界の大御所的存在として、多くの経営者や政治家、官僚から畏敬の念をもって遇されていた。しかし本人はそれに安住していなかったようだ。何しろ「悪運」の強さを自覚していた。もっとも結果的に強運だっただけで、松永に運頼みの姿勢は全くなかった。

著書の『出たとこ勝負』(『松永安左エ門著作集第四巻』所収)に、とある会合で出席者が書画帳にそれぞれ言葉を書き込んだときのエピソードをつづっている。最初に漢学の老大家が「人事を尽くして天命を待つ」と書くと、松永は「われはわれの為さんとする事を為す」と書き、老大家に異を唱えるかたちになった。「つねづねそう考えているところを、真っ正直に表明したにすぎない」というのが松永の意図だ。

「人間がやる人間の仕事なら、最後の最後まで人事と心得てしゃにむにやり抜かねばならぬのだ。天命を待つなんて、生きている人間にそんなヒマはないのである」。仕事が完遂するまでとことん努力し、自ら運を開いていくというのが松永の行動原理である。

周囲の思惑や評価などに一喜一憂するでもなく、失敗するかどうかも気にかけない。

生きたいように生きた仕事師人生が、松永の『私の履歴書』のメーンテーマで、のびのびと書きたいように書いている。

「三宅晴輝君などは、私のことを偽善者の反対の偽悪者だと、一種買いかぶっているが、私自身は、偽善でも偽悪でもなく、わがままいっぱい通してきた幸福者で、それを許していただいた世間に感謝しているのである。思うままを言い、行動して90歳の春を迎えた」。この『私の履歴書』を執筆したとき、生涯現役を貫いた松永は電力中央研究所の理事長だった。

生まれたのは明治8年（１８７５年）12月1日である。生地は長崎県の壱岐島で、唐津市と結ぶフェリーが着く印通寺港がある。祖父は「京阪神地方との交易、酒造業、呉服・雑貨、穀物の取り扱い、水産業など」を手広く営む事業家だった。「積極的な活動家、総意の人で一代でかなりの産をなした。青・壮年期に私が次々と事業に着手したのも、祖父の流儀を見習ったものだ」という。

長男の松永は跡取り息子として、父母、祖父母など周りの大人たちに非常に可愛がられて育った。「なんのひがみもなく、なんの惧《おそ》るるところもなく、朗かに、明るく、単純と率直をもって終始することのできる私を作り上げたのは、のびのびと育った愛情集中の賜である」

子供時代に愛情たっぷりに育つと、自己肯定感の強い人間になる。「私が（幼名）亀之助時代に受けた愛が千万人といえども我往《い》かんの気力を養ってくれたと思う」と、松永ははっきり自覚していた。生まれたのは文明開化の時代。明治16年（１８８３年）には鹿鳴館が開館して紳士淑女が西洋式の舞踏会を始めた。日本は新しい国づくりに躍動していた。その波動は玄界灘にある壱岐にも押し寄せた。

「青年連が集まると（中略）誰が早く村を出て立身出世するかという関心も強かった」と、松永は当時の空気を振り返っている。明治22年（１８８９年）、憲法が発布され伊藤博文が首相になる。父親から「これからは学問次第で、誰でも天子様の次の位になれる」と聞く。10代の松永は米国に渡って大実業家になる夢を膨らます。

そして15歳で「壱岐の豆戦艦が玄海の波涛を越えての船出」となる。『学問のすすめ』を読んで福澤諭吉に憧れて慶應義塾に入る。時代を超えた近代人の福澤諭吉との出会いは、松永に決定的な影響を与えた。「本来粗暴であった私を磨いて下さった点で、福澤先生にはなんとも申し上げようがない」と吐露する。

いかに福澤に心酔したかは、後に『人間　福澤諭吉』（実業之日本社）を著したことでも分かる。「私は今先生を聖徳太子、弘法大師とならべて日本開闢《びゃく》以来の三大偉人と呼ぶ」（『人間　福澤諭吉』）と言い切る。

さらに福澤は18世紀フランスの啓蒙思想家ボルテールに似ているという。「このボルテールは自由思想にあこがれると同時にまたリアリストの雄として、すこぶる実際的な感覚と行動を多分に持ち合わせていた。そうして中期西欧における封建的身分制を批判し、専制主義の不合理を難ずることにははなはだ急で、その言説も極めて矯激に及んだ」（同）とみる。

松永が骨太の公共心を持ち、官僚統制に反抗するリベラルな実業家になっていったのは、「独立自尊」の思想を福澤からじかに教わった賜といえるだろう。またボルテールについての知識からも深い教養がうかがえて、ただの野人ではなかった。

慶應義塾で学んで渡米を志していたが、18歳の暮れに父親が38歳で急死したため、一旦休学して、故郷に帰り三代目安左エ門を襲名した。米国留学計画はふいになり、『私の履歴書』に「運命が急転したのは一生の悲痛事であった」と書いている。

しかし商才を発揮して、中国向けの海産物の輸出を始めて、利益を上げ、「道楽の味も覚えた」。ただ頭をもたげたのは、このまま家業で終わりたくないとの思いだ。

そこで事業を土地の管理に整理して、21歳で再び慶應義塾に戻った。

福澤諭吉の教えを親しく受けるかたわら、株式投資で稼ぎ、「悪所通い」も適当にしていたそうだが、学校生活が次第に詰まらなくなり中退した。福澤からは「独立した実業人になれ」と助言される。明治31年（1898年）、23歳で福澤の女婿の福澤桃介の紹介で日本銀行に入った。しかし1年足らずで辞めて、桃介がつくった丸三商会に入り神戸支店長になるが、これも長続きしなかった。

次に26歳でまた桃介の金でブローカーを始めた。2人の苗字を取って福松商会という会社を神戸に設けた。いろいろやって石炭商に落ち着く。談合破りなど荒っぽい商法で大儲けした。ところが石炭の市況暴落に株式投機の失敗が続き、破産する。「おまけに大阪角田町の本宅が全焼し、全くの裸になった」

大失敗である。羽振りの良かった生活から一転して裏長屋に逼塞《ひっそく》する。ここから生き方を変えて、「電力王」への歩みを始めるのだから、まだ若くてやり直しがきく年齢だったとしても、大した復元力である。

「人間本来の姿やあり方、自己と社会の関係、自分の趣味や学問などについてのかねての反省が、急激に頭をもたげてきた。三十歳を越えた年齢のせいもあったろう。

そんな心境になってみると、すでに四、五年前に亡くなった福澤先生の説話が痛いほど思いだされた」

慶應義塾時代、松永は毎朝、散歩する福澤のお供をして、いろいろな話を聞いて、ときには問答をした。ぜいたくな経験である。物事をどう考えるべきかについての基本を、福澤から直に学び取ったのだろう。失敗して金銭欲や物欲などが挫折して、残ったのが福澤から吸収したものだったわけだ。

「金儲けのために早回りして、いかなる手段も断行した私。しかしこれも考えてみると、自分の知恵、才覚でやったようでも、多かれ少なかれ、人の、社会のお世話になっている。そう考えると、今後の自分の行動は、国家社会にできるだけ奉仕することが必要と思うようになった」

自己観照の生活から抜け出すと、松永は前述の通り電気事業に向かっていく。大正11年（１９２２年）には40歳代半ばで５大電力の中でトップクラスに躍り出る。昭和に入ると東京市場を制して「電力王」となる。しかし戦時色が濃くなる中、福澤仕込みの自由主義者の松永は猛烈に抵抗したものの、昭和12年（１９３７年）に電力の国家管理が成立する。松永は62歳で実業界から引退した。『私の履歴書』に「私にとっては全面敗北、失敗の最たるものとなった」と書く。

公の仕事から一切退き、茶人「耳庵」として茶道の世界に浸りきる。やがて敗戦を迎え、国家管理になった電力事業の再編成が課題になる。隠居生活を送っている74歳の松永は昭和24年（1949年）、電気事業再編成審議会会長に引っ張り出される。昭和26年5月、現在の9電力会社が発足し、その後、新電力会社の経営安定のため電力料金の大幅値上げを実現するなど、「電力の鬼」と称される働きをした。

ところが『私の履歴書』には、戦後の活躍について具体的な記述が無い。「電気事業に限っていっても私が長い間考えていたことは戦後になって大体実現した。敗戦という大きな動機があったとしても、世のなかの動きというものである。時が解決してくれたのだが、これを見ることができたのも長生きのおかげである」。これだけである。他人事のような書き方は人柄なのだろうか。

新聞の連載では書ききれないと思ったのか、まだ関係者も多く生々しいので控えたのか分からない。詳細は没後昭和51年（1976年）に公刊された『電力再編成の憶い出』に記している。

昭和46年（1971年）6月16日、永眠した。享年95。山田風太郎著『人間臨終図

鑑』によると、無葬式、無戒名、無叙勲の遺言を残し、その通りにはからわれた。明快かつ正直な自分史の例として参考になる。

3　自分をあえて裸にすることも

自分史は単なる年代記ではないし、自分を売り込むための自己ＰＲの書でもない。たどってきた人生のテーマをつづることは、これまで紹介した菊池寛、新井白石、松永安左エ門の例の通りである。さらに加えれば、自己の内面を描出することである。このため優れた自分史は文学の領域に入る。

ルソーの『告白録』

例えば、18世紀の思想家ジャン・ジャック・ルソー（１７１２－１７７８年）の『告白録』（井上究一郎訳、河出書房新社）はその古典である。ルソーはスイスのジュネーブ共和国に生まれ、『社会契約論』『人間不平等起源論』『エミール』などを著して、１７８９年に勃発したフランス革命や明治期日本の自由民権運動に影響を与えた。

『社会契約論』（井上幸司訳、中央公論社刊『世界の名著30』所収）の冒頭の「人間は生まれながらにして自由であるが、しかしいたるところで鉄鎖につながれている」の一節は有名である。当時はまさに革命的な主張で、様々な迫害や非難にさらされたほどだ。

『告白録』は、井上究一郎の翻訳版の年譜によると、ルソー52歳の１７６４年に書く決心をして、１７７０年に58歳で書き終えたとみられる。

『若い読者のための哲学史』（ナイジェル・ウォーバートン著、月沢李歌子訳、すばる舎）に、１７６６年ロンドンの劇場に芝居見物に現れたルソーに、国王のジョージ３世をはじめほとんどの客が芝居よりも注目したとのエピソードが載っている。「文学と哲学の世界で大きな話題となったルソーがデイヴィッド・ヒュームの誘いでロンドンにやって来たために、現代で言えば有名なポップスターが現れたときのように人々が興奮したのである」という。

このように名声を博したルソーである。「いよいよ自伝を執筆するとなれば、これはもうサクセス・ストーリー間違いなしと思いきや、著者は自分の人生を失敗した人生、我が意に反して著作家とならざるを得なかった不幸きわまりない人生として提示する」と、仏文学者の永見文雄が『自伝の名著１０１』（佐伯彰一編、新書館）で解説している。読んだ人によって印象はまちまちだが、自分を裸にして内面を暗部も含めてさらけ出している。

『告白録』はこんな書き出しで始まる。「私はこれまでに例のなかった、そしてこれからもやるまね手のないようなことを、くわだててみようと思う。自分と同じ人間の仲間にむかって、一人の人間を、全く自然のままの姿で、見せてやりたいのだ。そしてその人間というのは、私だ」

「最後の審判のらっぱがなんどき鳴ってもいい。私はこの書物を手にして、至高の審判者のまえにすすみでよう。私は声を高くしていおう。これが私のやったことです。考えたことです。かつてあった日の姿です。善も悪も同じようにすなおに語りました。わるいからといって何一つかくさず、よいからといって何一つつけ加えませんでした」

文芸評論家の小林秀雄は『告白録』の書き出しを捉えて、ここに「近代小説に於いて、はじめて私小説なるものの生まれた所以のものがある」(『私小説論』・小学館刊『昭和文学全集第9巻』所収)と書いている。ルソーや私小説家のように他人に知られたくないことまで書き込むのは、普通の人には無理だろうが、自慢話に片寄らないようにバランスをとることは最低限必要である。

ルソーは1712年、ジュネーブの時計職人の貧しい家に生まれた。母親は知的で美しかった。父親は腕のいい職人だったのだろう。トルコの宮廷の時計師になっている。母親は早期帰国を促し、それに父親は従った。「私はこの帰国の悲しい結実だった。十か月後に、虚弱な病児として私が生まれた。それが母の生命をうばった。私の誕生は私の最初の不幸となった」

７つ年上の兄は父親の職業を継ぐはずだったが、放蕩児になり家を飛び出して消息不明になる。一人息子になったルソーは10歳のときに、父親が喧嘩のもつれからジュネーブを去ったため、従兄弟とともにある牧師に預けられる。

「結局私のいちばん不得手なものに将来がきめられてしまい」、市役所の書記官マスロン氏の見習いにされる。「仕事は無味乾燥で、たえられそうもない。時間でしばられるきちんとしたつとめに、すっかりまいってしまい、事務所にはいるたびにぞっとする嫌悪感が、日に日につのる」

「はずかしいことに、無能という理由で事務所から解雇され、マスロン氏の見習書記連からは、鑢《やすり》仕事をやるくらいの能しかないやつだと言いわたされた」。不幸はこれで終わらない。彫刻師の徒弟に出された。抑圧的な親方の下で、「私の幼年時代のかがやきをすっかりくもらせ、愛らしいいきいきとした私の性格をにぶらせ、精神からも境遇からも、完全に徒弟の状態におとしいれてしまった」と嘆く。

彫刻の仕事は向いていたようだ。しかし「親方の暴圧から、すきだったはずの仕事もたえられなくなり、うそとかなまけとかぬすみとかいった私の嫌いだったはずの悪徳を身につけることになった」。どのような盗みをしたのか具体的に書いている。親方の家から食料を盗むのが見つかり、制裁をうけたこともある。

「私は盗癖をいつまでもたべものに限定せず、やがて、なんでもほしいと思うものに拡張した。それでいて本式の泥棒にならなかったのは、金銭につよくひかれることが決してなかったからである」

『世界の名著30　ルソー』の責任編集者平岡昇は、その解説『ルソーの思想と作品』で、こう評価する。「ルソーは近代をひらいた思想家の中で最も大きな地位をしめている一人である。しかも、今日でも世界的にひろく読まれ、最も生命の長い作家に属するであろう」

そのルソーが少年時代に、盗みなどの悪徳に染まっていたというのだから、人間は面白い。こうした徒弟の隷従生活は、後に独自の思想を形成するうえで大事な糧になったと思われる。もし『告白録』が負の側面を落として成功談だけでまとめられていたら、ルソーの思想を深く理解する助けにはならない。もっともきれいごとで済ます人物だったら、あれだけの思想を書けなかっただろう。

ある日、ルソーは郊外に散歩に出てジュネーブの城門が閉まるのに間に合わず、これを機に放浪を始める。ある司祭の勧めで今のフランスのアヌシーに住む貴族のヴァラン夫人の庇護下に入る。「やっと着いて、ヴァラン夫人にあう。一生のこの時期が、私の性格を決定したのである。この時期を軽々に見すごす気になれない。私は16歳のなかばに達していた」。ルソーは教養があり美しいヴァラン夫人を「お母さん」と慕うようになる。

次いで夫人の紹介で、イタリアのトリノに行き、新教徒からカトリックに改宗する者を教育する救護院に入る。カトリックに改宗して約20フランの金をもらって救護院を出て、トリノをうろつく。金が尽きかけて、とある商店の細君に世話になるが、番頭に追い出される。その後、貴族の従僕をやり点々とする。

一旦、ヴァラン夫人のもとに戻るが、再び放浪に出る。フランスのシャンベリーで国王御用の地籍調査部に勤める。そのころヴァラン夫人はシャンベリーに居を移していて、ルソーは「住んだのは自分の家、すなわちお母さんの家である」と書く。つまりヴァラン夫人から一部屋を与えてもらった。

他の女性から誘惑を受けるルソーを見て、ヴァラン夫人は「私の若気のあやまちにともなうさまざまの危険をふせぐために、いよいよいちにんまえの男としてとりあつかうときがきたと考えた」と、『告白録』に記されている。ルソーはヴァラン夫人に、母親に対するような愛情と恋愛感情が複雑に混じり合った思いを抱いていた。

そのときをルソーは「私はまるで近親相姦の罪を犯したような気持であった。二、三度、夢中で私の腕に彼女をだきしめながら、その胸に涙の洪水をそそいだ。彼女はというと、悲しそうでも、快活でもなかった。ただやさしく、しずかであった」と描写する。20代初めのことである。

音楽家、著述家として身を立て始めた30代、パリの宿屋で下着類や洗濯物の繕いをする娘テレーズ・ル・ヴァスールをみそめて同棲する。無教養の女性で、『告白録』に「私はまず彼女の知識を啓発しようと思った。それは私の骨折り損だった。彼女の知識は自然がつくったままで、いくら念いりにおしえても、うまく行かない」と書くほどだ。

しかしテレーズには優しさと天性の不思議な魅力があったようだ。「愛する人に近く接していると、感情は心を肥やすとともに知識をも肥やす。思想をほかのところにさがす必要はほとんどない。私は世界のもっともすぐれた天才とともにいるようなたのしさで、私のテレーズと同棲していた」

結婚しなかったが、テレーズは終生の伴侶だった。ただ子供を5人授かったが、すべて孤児院に送っている。生活苦も理由だったのか。ルソーは『告白録』で弁明している。「私は、自分の子供たちを自分で育てることができないために、これを公教育〈孤児院〉に托し、放浪者の山師よりも、労働者や農民になるようにしておけば、それで公民として父親としての行為にそむいてはいないと信じ、自分をプラトンの共和国の一員だと考えたのだ」。こう言われても、今の価値観でみると、いかがなものかという気持ちを禁じ得ない。

後年、思想的に迫害や批判にさらされたとき、無署名の文書で「私は子供たちを街頭にすてたとか、衛兵屯所に出いりするような淫売婦をつれて歩いているとか…」と、中傷されたことを『告白録』に書いている。18世紀のフランス社会の価値観でも、子供5人を孤児院に送ったルソーの行為は疑問視されたようだ。

ただし『告白録』は、冒頭の「一人の人間を、全く自然のままの姿で、見せてやりたい」という意図で貫かれていることは確かだ。全くの善人でもなく全くの悪人でもない、真実の人間を自伝によって描こうとしている点が、読み継がれてきた理由かもしれない。

菊池寛、新井白石、松永安左エ門、ルソーの4人のケースを紹介して、自分史が読まれるためには、どのようなことが必要か述べてきた。次の章から、書く準備からどのように書いていくかまで、自分史の書き方を考えていきたい。

第2章　自分史を書き出す前に必要なこと

1　まずテーマを考えて、構成を決める

自分史に取り組もうとする人は、それぞれ何故書くのか明確な動機があり、ぜひこれを書きたいと思うことがたくさんあるはずである。だからいきなり書き出してもいいのだが、下手をすると、書かなければならない事項が後から後から浮かんできて、収拾がつかなくなる場合がある。また話が行ったり来たりして、取りとめの無いものになる恐れもある。

建築に例えるとわかりやすい。家を建てるとき、思いつくまま建て始める人はまずいない。どんな家にしたいのか考えて、設計図を描く。まとまった文章を書く場合にも、設計図に当たるものが要る。

筆者は新聞や雑誌の記者として働いてきて、長い原稿を書くときは、取材結果を整理して、まずテーマ、主題は何かを考えて、仮見出しを決める。それからどう書いて行くか、筋立て、構成を考えた。新聞のニュース原稿の場合は、総じて文章が短く時間も限られているので、頭の中でこうした作業をやって起承転結を思い描いて書く場

合が多い。

自分史の場合は、顧みて自分の人生は何だったのかを考える。それが原稿を貫くテーマになる。明るく楽しい人生だったのか、暗く苦労した人生だったのか、漠としたものでも構わない。それに基づいて、仮のタイトルを決める。

長い人生には様々なことがあり、一言で表現するのは難しいのは当然だが、文章にするには一つのストーリーに再構成しなければならない。前章で述べた通り、訴えるテーマがはっきりしていると、読みやすいものになる。従って、書くべきテーマを考えて、仮タイトルを一応決めることが必要である。

それを念頭において、筋立て、構成を考えながら、紙に、書くべき項目を小見出しの形で列挙する。小見出しごとに内容を要約して書いておく。さらにどの部分にどのくらいのボリュームを充てるか、だいたいの行数を割り振る。どういうプロットで展開して、どこに厚みを持たせるか、様々に工夫をこらすのも楽しんでやるとよい。

筋立て、構成は多様だが、出生から書き起こして時の流れに沿って現在まで順序よく書くのが最も素直な構成である。こうした書き方が自然で一般的なパターンだが、それにも自ずと筆者の個性が表れる。オーソドックスな例を見ていこう。

ソニー創業者井深大の『私の履歴書』

「栃木県上都賀郡日光町字清滝の古河鉱業日光製銅所の社宅で、井深甫《たすく》、同さわの長男として、明治41年4月11日に生まれたのが私である」。この出生から書き出したのは、ソニー（現ソニーグループ）の創業者井深大（1908－1997年）が日本経済新聞に連載した『私の履歴書』である。

「父は新渡戸稲造先生の門下生で、札幌中学から蔵前工高（東京高等工業で東京工業大の前身）の電気化学科に進んだ科学技術の素養のある人であった」と続ける。学生時代に父親は洋書を参考に設計した小さな発電所を静岡県御殿場の小山につくったという。

「これは日本としても最も古い発電所の一つであったと伝えられているが、私が3歳のときに若き生命を失った」。井深が技術者のDNAを受け継いだことをさりげなく書いて、話は祖父に転じる。祖父に遡って書かなければ、自分がどのように育ったのかを語れないためである。

井深家は会津藩の千石取りの士分で、藩主松平家で重きをなした会津門閥九家の一つだったそうだ。戊辰戦争では、祖父の弟は白虎隊で討ち死にし、祖父基《もとい》は朱雀隊で奮戦して生き残る。敗戦後、青森県の斗南藩に藩主とともに移る。

廃藩置県を機に、北海道に渡って役人になる。愛知県碧海郡の郡長などを歴任して他界した。郡長時代に明治用水から水を引き新田開発に尽力し、地元農民から大いに感謝された。『私の履歴書』を執筆する少し前に、安城市の地元農民が、井深が孫と知り訪ねてきた。「すでに祖父が世を去ってから40年の月日がたったが、いまこうして祖父の徳をしたってわざわざ上京して来た農家の方々の姿に接し、心を打たれるものがあった」と記す。

「祖父のために紙面をさいたのは、ほかでもない、父を早く失った私にとって祖父は父に代わる存在であり、私の人格形成のうえに多くの影響を与えたからである」。

小学校2年のときに、母親が再婚して、井深は祖父母の手で育てられた。

「祖父は厳格な人だったが若いころフランス人に兵学を習ったくらいで、新しいところのあるおもしろい気質の持ち主だったから決して住みづらいということはなく、父に代わる愛情があった」。祖母も可愛がってくれたが、母親のいない寂しさはやはり否めず、「子供心にも孤独感に襲われることもあった」

「祖父はおりにふれ、なくなった父がいかに科学的だったかを語ってくれた。私の科学に対する興味はこうした生活環境や父をしのぶ中から芽ばえていったのではなかろうか」と振り返っている。井深は機械いじりに熱中する少年になる。中学になると無線にこり、成績が下から数えた方が早いほど落ちたという。

当時、総選挙の際に新聞社が試験的に無線で流した選挙速報を、自作した無線機で聞いた。「近くの新聞販売店の軒先の速報はあちこちの中継を経てくるためおそいので、私が放送で聞いたのを知らせてやると、ニュースの早いのに目を丸くして驚いた近所の人々の顔がいまでも思いだされる」。ラジオの試験放送が東京で始まったのは大正14年（1925年）3月で、本放送は7月からである。井深は昭和2年（1927年）3月に中学を卒業しているので、当時はラジオ放送の草創期で受信機はまだ普及していなかった。

早稲田大学理工学部に進むと、先端的研究に没頭した。「ケルセルの研究」について「光を音とか、外から加えた電圧の通りに変調する研究だが、この実験でネオン管に高周波の電波を通して周波数を変えてやると、光がはでに伸び縮みすることを偶然の機会に発見した。この時発見した原則を応用してつくったネオンを大学を卒業して後にパリの博覧会に送ったところ、優秀発明として賞を受けた」という具合だ。

井深の『私の履歴書』は全体の約20％強の分量を、生まれてから大学卒業までに割いている。梅檀《せんだん》は双葉《ふたば》より芳《かんば》しのたとえ通りである。後に日本発、世界初のエレクトロニクス製品を連発するソニーを創業した井深である。社会に出る前に、技術に対して夢を大きく膨らませていたわけである。

次に、就職から盟友となる盛田昭夫と出会う戦時中までに、約20％弱の分量を充てている。第一志望の東芝の入社試験に落ちて、ＰＣＬ（フォト・ケミカル・ラボラトリー＝写真化学研究所）に入社する。ＰＣＬはケルセルに関する特許を出願したとき、審査官が紹介してくれた会社である。

ＰＣＬの植村泰二所長（後の植村甲午郎経団連会長の弟）は、井深のケルセルの研究を高く評価して「責任を持たせてなんでもやらせるから早くこい」と矢の催促だったそうだ。東芝のような大企業ではなく、今で言えばベンチャービジネスに入ったのは、結果的によかった。

そのうちＰＣＬは映画会社に変わったので、映画のトーキーをつくる発足早々の日本光音に移り、無線部を設けてもらって主任格としていろいろ研究した。同じ昭和11

年（1936年）暮れ、小さいころ近所同士で親しかった作家野村胡堂のすすめで、朝日新聞論説委員の前田多門の二女勢喜子と結婚した。前田多門は文部大臣を歴任したが、戦後パージされて、東京通信工業（ソニー）の初代社長になるのだから、人の縁はどこでどうつながるか分からない。

「こうしてこの年は偶然にも新しい仕事と新しい人生への出発の年となった。日本光音の無線部には樋口晃君（現ソニー常務）、安田順一君（ソニー技術部次長）らが私といっしょに働いていた」

軍関係の仕事が増えて、日本光音から新たに測定器をつくる日本測定器が、植村泰二が社長になって発足した。井深は常務になったが、当初は総員約30人の会社だった。

東京通信工業の設立時、井深は設立趣意書に「経営規模としては、むしろ小なるを望み、大経営企業の大経営なるがために進み得ざる分野に、技術の進路と経営活動を期する」とうたった。もともと規模よりも、やりたいことを追求してきた。軍の仕事がどんどん増えて、新兵器の開発に携わる。海軍の技術将校だった盛田昭夫と出合い意気投合したのはそのころで、ソニーの準備が戦時下に事実上進んでいたともいえる。

終戦から東京通信工業を旗揚げして零細企業のどたばたまでが、約25％の分量を占める。ここからは、今や伝説化しているソニーの成功譚《せいこうたん》で、何冊も本にもなっている時代である。

残り約35％は、テープレコーダーからトランジスタラジオ、マイクロテレビまでのソニーの輝かしい開発物語と、締めの言葉である。『私の履歴書』の最終回に「私のやりたいこと、私の夢を実現させる場がソニーだったのだ。また幸いそれを実現させることが今日までソニーにとってはプラスになってきた。夢とわがままは当分続くだろう」と記している。ここに井深の自分史のテーマが集約されている。

改めて構成を整理すると、４つの部分に分けられる。誕生から学校時代までが20％強。就職から戦時中までが20％弱。終戦後、創業してまだ零細企業の時代が約25％。画期的な製品を次々と生み出して急成長期に入った段階が約35％である。

日本経済新聞に連載した昭和37年（１９６２年）は、創業してまだ16年で、井深は54歳の社長だった。現在、『私の履歴書』を執筆する経営者は、現役を引退した人がほとんどである。社長はもちろん会長でも「私はまだ現役ですから」と断る人が多い。なぜか功なり名をとげて一線を退いてからでないと出ないという慣例が出来てしまったのは残念なことだ。

井深はその後もトリニトロンカラーテレビの開発をはじめ大活躍している。昭和55年（１９８０年）の年頭所感では「昨年後半で一番めざましい働きをした商品はウォークマンです。これは盛田会長と私がやろうと言いだして商品化されたものです。こんな情けない話があるでしょうか。ウォークマンのような商品は皆さん方から自動的に出てきてよいはずなんです」と述べている。71歳の名誉会長のときの言葉である。

井深の『私の履歴書』を日経ビジネス人文庫に収める際、後半生の話を取材して補うことを出版の編集者から依頼された。井深は平成９年（１９９７年）12月19日に享年89で逝去していたからだ。

このため主要な資料を参考にするとともに、長男の井深亮をはじめ多くの方々に取材させていただいた。こうして「第1部　井深大　私の履歴書」と筆者がまとめた「第2部　その後の井深大」を合わせて、文庫版の『井深大　自由闊達にして愉快なる　私の履歴書』が出来上がった。

前述の通りソニー（東通工）創業から16年で『私の履歴書』を書いた。それから亡くなるまでの35年も、公私にわたり実にドラマチックだった。もしも80代で井深が自分史を書いたら、構成はどう変わっただろうか。ただしテーマは変わらず、夢を追いかけたイノベーター人生で一貫していたと思う。

自分史のもう一つの構成として、出生から順に年代記のように書くのではなく、人生の中で最も劇的な場面を最初に持ってくる方法がある。

ニクソン（米国第37代大統領）の回想録

米国の第37代大統領だったリチャード・ニクソン（1913－1994年）の回想録『ニクソン　わが生涯の戦い』（福島正光訳、文芸春秋）はその代表的な一つである。ニクソン大統領は中国との国交正常化、沖縄返還など数々の業績を上げながら、1972年6月に発覚したいわゆるウォーターゲート事件のために1974年8月9日に辞任したので、日本でもよく知られている。

回想録の「第一章山と谷」は、「空港から北京市内の政府の賓館までは不気味なドライブだった」という文章で始まる。1972年2月21日、米国大統領として初の中国訪問は、ニクソンにとって忘れようにも忘れられない人生のハイライトといえる瞬間だった。

「中国政府さしまわしのリムジンの窓のカーテンは閉まっていて、小さなすき間からのぞいたところ、通りには数百ヤードごとにぽつんぽつんと立っている歩哨のほかはまったく人影がなかった」。群衆のいない車窓の景色が、「不気味」に見えたのだろう。それがかえって緊張感を醸し出し、印象的な描写になっている。

ニクソンはいろいろな外国の要人に対する興味深い見方をつづっている。訪中では、まず空港に出迎えにきた周恩来について書いている。「周恩来はいかにも練達の外交官らしく、私をすぐにくつろがせ、空港を出ると、こう言った。『あなたは、25年間往き来がなかった世界一大きな海を越えて握手しにやってきましたね』。驚いたことに、彼は、私の『六つの危機』という本を読んだので、私を既知の人間のように感じていると語った」と好印象を記している。

国務長官のキッシンジャーから事前に、周恩来に対する「ドゴールと並んで、自分が会ったうちの最も印象的な外国人政治家だ」という評価を聞いていた。同時にキッシンジャーは「黙ってとぐろを巻いていて、すきあらば襲いかかろうとするコブラにもなぞらえていた」という。

会談してニクソンは周恩来を高く評価する。「最も実質的で、限りなく魅力的だったのは、周恩来その人との長い交渉の会議だった。彼は、私と同じように、メモもとらず、側近に情報を求めることもせず話した。米中問題だけでなく、国際情勢全般についても、彼の理解はあらゆる方面にわたっていた」

毛沢東もやはり周恩来と同様、記憶に残った。「当意即妙な話術に冴えを見せた」と評し、こんな会話を書いている。毛沢東は大統領選について「私はこの前の選挙のときあなたに投票しましたよ」と、洞察力の確かさを誇示した。ニクソンが「二つの悪のうちでより少なく悪いほうに投票したということですね」とやり返すと、毛は「私は右の人たちが好きなんです。……どちらかと言うと、右の人たちが政権の座につくほうがうれしいですね」と答えた。権力闘争を勝ち抜いてきたリアリストだけに、甘い左派より、現実的な右派の方を買っていたようだ。

回想録は、この世界を驚かせた訪中から、一転して辞任の話に飛ぶ。まさに山から谷に一気に転換するストーリーの運びは著作家としてもなかなか見事だ。

そのいわば天国から地獄への伏線として、米中共同声明をまとめた後の印象的なエピソードを書いている。困難な作業を終えて達成した両者の成果を、周恩来は『美は山頂にあり』という毛沢東の詩と、『無限の風光、険しき峰にあり』という中国詩を引用して感動的に語った。これに対して、ニクソンは「われわれはいま山の頂にいる」と言った。

「周恩来は、つぎに『梅に詠ず』というさらにもうひとつの詞に言及し、この詞は、花が満開になるのはそれが散ろうとするときだという意味であると語り、こうつづけた。『あなたは事を起こしたひとです。それが実を結ぶまであなたはその地位にとどまっておられないかもしれないが、もちろんわれわれはあなたの再訪を歓迎します』

2月27日の北京最後の晩餐会で、ニクソンは乾杯するとき、「われわれはここに1週間滞在しましたが、これは、世界を変える1週間でした」と語った。

「われわれは、このとき山の頂にいるということを知っていた。われわれが知らなかったのは、私が中国を再訪するちょうど4年後までに、私が大統領職を辞任し、彼が肺ガンで死ぬということだった。かつてドゴールが言ったように、勝利は『飛ぼうとして拡げた翼をすぐ閉じた』のだ」

場面は、1974年8月9日のホワイトハウスに切り替わる。「ホワイトハウスでの最後の夜はよく眠れなかった」と切り出す。

「重要な演説や記者会見があったあとは、興奮してなかなか眠りにつけないのだ。その夜、私は全国民に向けて、大統領を辞任するという決意を述べたので、ようやくうとうとできたのは午前2時すぎだった」

ウォーターゲート事件の責任を問う弾劾の手続きが進む中、ニクソンは大統領辞任を決意した。自らホワイトハウスを去る最後の１日を回想録につづっている。

朝食を終えて身支度を済ませると、リンカーン居間でホワイトハウスの職員に話す別れの言葉のメモづくりに取りかかろうとする。そこはリンカーン大統領の執務室に隣り合った秘書たちが使っていた部屋である。しかし集中できず、目を閉じるとこの部屋で起きた大きな出来事が浮かんできた。

１９７１年6月2日、ここで「ヘンリー・キッシンジャーが第二次世界大戦後、アメリカの大統領に宛てられた最も重要な書簡と呼んだ手紙を受け取ったのだ」。キッシンジャーが息を切らして持ってきたのは、「中国訪問を要請する周恩来からの招待状」だった。友人がクリスマスに送ってくれた年代物のブランデーで、「２人してこの歴史的出来事を祝って乾杯した」

再び最後のスピーチを考えようとするが、「私の心を何度もよぎったのは、あんなに高いところにいたのに、どうしてこんな低いところに落ちることになったのかという思いだった」

そこへドアをノックしてアル・ヘイグ首席補佐官が1枚の紙を持って入って来た。まだ署名する紙があったのだ。それにはただ1行、「私はここにアメリカ大統領の職を辞任します」とあった。キッシンジャー国務長官あての辞表である。

その2年前の1972年6月17日、大統領選挙戦の最中、ニクソン再選委員会の関係者らがワシントンのウォーターゲートビルに侵入して民主党本部に盗聴器を仕掛けようとして逮捕された。7人が起訴され、ホワイトハウスの関与が明らかとなり、ニクソンにもみ消しなどの疑惑が広がった。

マスコミの追及について回想録はこう書く。「攻撃は1972年の選挙のあとにはじまり、私の就任後のわずかな時期と1973年1月のヴェトナム和平協定の短い期間を除いて20カ月以上休むことなくつづいた。くる日もくる日もそれは新聞のトップ記事になった。くる夜もくる夜もそれはあらゆるテレビ・ニュース番組の最初に出てきた」

ニクソンは無関係だと主張し続けた。「私が辞任を決意したのは、戦いを諦めたためではなく、辞めるのが国にとって最善だと考えたからだ」と述べる。現職大統領が弾劾裁判にかけられる国家的なマイナスを考量したためという。

ホワイトハウスでの最後の挨拶で「われわれはしばしば、物ごとが正しい方向へ進まないとき、またわれわれが敗北したとき、すべてが終わったと思う。しかし、それは真実ではない。それはつねにたんなる始まりだ」と、職員に語りかけた。自分に向けた言葉のようにも聞こえる。これで「ようやくすべてが終わった」と、フォード大統領に後事を託して、即日、故郷カリフォルニアに向かった。

ところが「攻撃」は辞任しただけでは終わらなかった。数多くの訴訟が起こされて、「弁護費用はうなぎ登りとなった。（中略）大統領を辞任してから15年間に私が支払った弁護料は１８０万ドル以上にのぼった」。「新聞やテレビによる攻撃は容赦なくつづいた。私はトークショーのお気に入りの冗談の的になった。何百ものコラムが私を攻め立て、おびただしい数のニクソン攻撃の書物が出版された」

１９７４年9月8日、フォード大統領による特赦によって訴追を免責された。しかし精神的なストレスがたまったのだろう。脚の血栓が悪化して入院を繰り返して手術を受ける。一時は生死の境をさまよう状態に陥った。

ケネディとの選挙戦に敗れるなど、何度も挫折を経験して、そのたびに乗り越えてきたニクソンだが、今度ばかりは弱音を吐いている。「私は生涯ではじめて、肉体的にぼろぼろになり、感情も涸れ果て、精神も燃え尽きていた」と。

第2章以降、立ち直る道筋を書くとともに、攻撃に反論を加える。さらに生い立ち、家族のこと、哲学、いくたの政治の経験、論評など、興味深い盛りだくさんの内容が続く。最後に次の文章で締めくくる。

「結局のところ、大切なのはいつも思い切り人生を生きていくということだ。私は最も高い山の頂上と最も深い谷底にいたが、平和と自由がともに栄える世界という目的地を見失ったことはなかった。私は、いくつかの大きな勝利を収め、いくつかの潰滅的な敗北を喫した。だが、勝ち負けにかかわりなく、いま私は、クエーカー教徒の祖母だったら〝心の平和〟と呼んだであろう人生のひとつの境地を、ついに享受できる時期に達したことを幸福にかんじている」

この『ニクソン　わが生涯の戦い』（福島正光訳）の原書は1990年77歳のときに出版している。本書の年譜によると、この年3月に、大統領辞任後初めて下院を訪れ、共和党外交議員団総会で外交政策について演説した。大統領はブッシュになっており、前年にはベルリンの壁が崩壊して東西冷戦は終結した。一方、中国は民主化の動きを弾圧する天安門事件を起こして、米欧、日本の期待を裏切った。辞任した16年前とは世界は大きく変わった。

ニクソンに対する社会の評価も否定的なものばかりではなくなっていた。こうした中で書かれたこの回想録は、弁明の書といえる。不名誉な政治的敗北から立ち直ったと宣言する書としても読める。栄光と転落の瞬間を冒頭に持ってきて読者に強い印象を与える構成にしたところに、汚名を何としてもそそぎたいというニクソンの強い意志を感じる。

ニクソンは1994年4月22日、81歳で永眠した。遺体はニクソンの事績を展示するニクソンライブラリーに安置され、多くの人が弔うために訪れた。名誉回復を図って戦ったニクソンの思いはいくぶんか遂げられたのではないだろうか。

山下俊彦（松下電器産業＝現パナソニックホールディングス元社長）『ぼくでも社長が務まった』

対照的に肩の力を抜くような筋立て、構成もある。松下電器産業（現パナソニックホールディングス）の元社長山下俊彦（1919－2012年）の『ぼくでも社長が務まった』（東洋経済新報社）である。タイトルからも、打者の打ち気をそらす山なりのスローカーブのような趣である。

山下は昭和52年（1977年）、創業者の松下幸之助相談役によって取締役26人のうち序列25番目から社長に抜擢された。「山下跳び」という言葉がマスコミから生まれ、一気にときの人になったことで知られる。

「経営の神様」と言われるだけあって、松下幸之助は慧眼《けいがん》だった。当時、松下の役員は高齢化が進み、経営が停滞し活性化が必要だと判断した。57歳で事業部長として手腕を発揮していた山下に着目して社長に引っ張り上げたわけである。

その期待に見事に応えたのだが、山下は大上段に構えるタイプではない。形式張ることを嫌う。思っていることを腹に溜めておけず、言いたいことを言い、やりたいようにやる。それが社長退任後に出版した『ぼくでも社長が務まった』の構成にも表れている。

普通なら、人生の一大転機になった社長抜擢の経緯を最初に出しそうなものである。しかし「1章これからがぼくの青春」として、大好きな登山などの趣味の話から始める。山下に限らず、仕事人間の場合、人生の大半は仕事で埋められている。自分史を書く際、生まれからでなければ、仕事からが素直かと思うが、なるほど、こういう手があったのかという構成である。

「61年2月、９年間務めた社長を辞めて、正直ホッとしている。社長といえども個人の自由はあると思っていたが、実際はそうはいかなかった」が書き出しである。松下電器の社長となれば、赤ちょうちんで一杯やりたいと思っても、そういうわけにはいかない。ましてて「山下跳び」の山下である。「日本の社会では、自分はそれでいいと思っても、相手の扱いが変わってしまうし、周りのお客さんに迷惑をかけてしまう」

社長業が伴う束縛から解放され、「これからの3～4年、まあ5年ぐらいが私の本当の青春時代で、その間に好きなことをやりたい」

経営者によっては、社長を退くと淋しさを感じる人がいる。昔、帝人の徳末知夫という社長がこんなエピソードを話してくれた。「工場周りから帰って本社が入っているビルに来て、エレベーターに乗ろうとすると、待っていないので、『アレッ』と思ったことがありますが、当たり前ですよね」。貸しビルなので、帝人専用のエレベーターはない。

工場では、社長が来れば工場長がお出迎えで、エレベーターは開けて待っている。

それに慣れると、エレベーターはいつも自分を待っているものと錯覚する。これは小さな話だが、社長は周りから自然に奉られるので、気をつけないと感覚が狂ってくる。

山下は特別扱いされるのを煩わしく感じる方である。「人生にとって仕事は重要な要素だし、それを生き甲斐にするのも一つの生き方である。しかし、私はそうではない。哲学も芸術も趣味も家族も、あるいは登山もすべて人生の一部である。そういうことに、もっと情熱を注ぎたいと思う」と意欲を見せる。

登山に興味を持ったのは深田久彌の『日本百名山』を読んだのがきっかけだという。最近、『日本百名山』に触発されて登山に親しむ中高年が多いが、それよりはるかに早い。海外の山にも挑戦し、社長時代に登山ガイドの案内でボルネオのキナバル（４０９５メートル）やイランのダマバンド（５６７１メートル）などに登った話を書いている。

山下の登山は単独行か夫人同伴である。「１人で行くと都合でどうにでも計画を変更できる。パーティだとこうはいかない。だから、心配してくれる人も多いが、私の登山は無理をしないのが鉄則だから、安全このうえないと思っている」という。

付き合いゴルフは、他の人に迷惑をかけないかと気を遣ってストレスがたまるそうだ。海外出張も社長になってからも１人で出かけた。お供を連れて行くと、お互いに気を遣うし監視されているようで窮屈だからだ。しかし一度、天候の影響で航空便の変更が生じ、現地の社員と行き違いになったことがあり、それから「１人で行かしてくれなくなった」

他に読書と囲碁の趣味を紹介し、働き方について山下流の考え方を書いている。「事業部長時代は、できるだけ定時退社を心がけ、読書や充電の時間にあてた。社長になってからもこの定時退社は続けたので、『山下の定時退社』と有名になった」最近、流行の「働き方改革」を早々と自ら実践していたわけだ。「日本のサラリーマンは、休日出勤したり残業したりで、年中仕事と称して滅私奉公のようなところがあるが、これは考えものである」と言い切っている。山下も仕事人間だった。しかし会社人間ではなかった。社長から取締役相談役に退き、「仕事以外のことにも思う存分、打ち込めるようになった」と喜びを表したのは、一貫した生き方によるものなのだ。

山下は「1章これからがぼくの青春」と、一見、のん気な話から始めているが、独特の個性を反映している。続く2章は「平凡な70年の人生」という見出しで、「私は大正８年７月、３人兄弟の長男として生まれた」から平凡ならざる人生の起伏を書いている。

父親は船会社のサラリーマンだったが病身だったので、早く職に就けるように大阪市立泉尾工業（現泉尾工業高校）に入りガラス加工と窯業を学んだ。「私はまあ平凡な目立たない生徒で、学校時代のことでこれといって記すべきこともない」と素っ気ない。

父親は山下が泉尾工業3年のときに亡くなった。「おやじについての記憶はあまりない。ただ、当時としてはずいぶん開けた人間だったようだ。仕事がらよく外国へ行っていたので、英語もしゃべれた。そのぶん道楽もしたようである」。父親についての記述はこれだけである。ソニーの井深大とは対照的だ。

母親は夫を早く亡くし、小さい3人の子供を女手一つで育てた。「子どもも心にも母親の一生懸命働いていることに感動したが、いまもその姿がまぶたに焼き付いている」

昭和12年（1937年）、松下電器に就職した。「学校の先生にすすめられ、なんとなく受けて入ってしまった」。当時はまだ従業員が4000人くらいだったそうだ。「松下がこんなに大きくなるとは思いもよらなかった」というのは正直な感想だろう。

「主に現場で働いていて、ごくごく平凡なサラリーマン生活を送っていた」。仕事が面白くなく、マンネリになった。「仕事にも身が入らず、私なりに悩んでいたように思う」というあたりは、よくある話である。今でも新卒で入社して3年以内に会社を辞める人が多い。山下もこのころはまだどこにでもいる若手社員の1人だった。

しかしゴーリキーの戯曲『どん底』を読んで覚醒する。「仕事が楽しみなら人生は楽園だ。仕事が義務なら人生は地獄だ」という台詞に感じ入る。「私は一瞬眼から鱗のとれる思いがした。サーチンという社会の落伍者の言葉であるだけに、一層私の胸につきささったのである」

のちに論語の「之を知るものは之を好むものに如かず、之を好むものは之を楽しむものに如かず」という言葉を知る。「仕事を楽しむからこそ良い仕事もできる。これは境地というか考え方の問題だが、このことがもっとも大事なのである。この二つの言葉は、その後の私の生き方のベースになったように思う」。山下が〝平凡〟に会社人間にならなかったのは、こうした仕事観を身につけていたからではないだろうか。

2章は、劇的な展開に向けて徐々に進んでいく。「平凡な人生に転機がやってきたのは終戦後のことである」。松下はＧＨＱに財閥に指定され、上司が電球工場を譲り受けて独立するのに付いて行った。しかし会社はうまくいかず、上司は松下に復帰して、山下は別の電球会社に移る。

昭和27年（1952年）、松下は大きな転機になるオランダのフィリップスと提携する。このため山下は元上司から呼び戻されて、昭和29年、松下とフィリップスとの合弁会社松下電子工業に勤める。もともと「一度辞めた会社に戻る気はまったくなかった」が、元上司の「きみのためを思って帰るようにいっているんだ」という説得に動かされた。

「これが私の運命を大きく変えたと思う」というのは、まさにその通り。2回にわたり技術修得のためにオランダのフィリップスに行く機会を得る。オランダ人との交際や合理的な進んだ経営を目の当たりにしたことは、得難い経験だった。

「マネジメントの在り方という点でも感心させられることが多かった。とにかく松下のような浪花節でない、すべてが計算されつくされているといった感じである」。近代経営の精神をじかに吸収できたのではないか。合理主義の山下には合っていた。

昭和37年（1962年）に、松下電子工業の系列だがオーナー企業のウエスト電気に常務として出向する。ストロボのメーカーで赤字を出していて、闘争的な労働組合との交渉をいきなりやらされた。ストライキがちょくちょくあり、労使関係が荒れていたが、経営内容を隠さず開示した。現状認識を社員と共有することから再建をはかり、3年目には見違えるように改善した。

「このとき『ガラス張り経営』の大切さをしみじみ感じたし、それがその後の私の信念の一つになった」。新たに経営に開眼し、ウエスト電気に3年いたところで、また松下電器本社に戻れと命じられた。

昭和40年（1965年）、本社のエアコンを製造販売する冷機事業部の事業部長になった。当時、松下では事業部長は当該事業の全責任を負う重要な役職だった。赴任した当初、松下のエアコンはシェアが低くお荷物の事業部だったが、4年後にはシェア1位に立った。マレーシアへの工場進出にも取り組み、49年2月、取締役に就任する。

『ぼくでも社長が務まった』は全体の4分の1近くにきて、やっと社長就任のてん末になる。「私としては困り抜いて、いやいや引き受けさせられたものである。だから、社長就任発表の記者会見の席上、『選んだ人にも責任がある』といったのは本当の気持ちだった」。この「選んだひとにも」云々の言葉に山下の余計な気づかいをしない性格がよく表れている。

話を社長内定の経緯に戻す。昭和52年（1977年）1月10日午前10時に松下幸之助相談役に呼び出された。前夜、谷村博蔵副社長から電話があり「行ったらむずかしい話が出るかもしれないが、その場で断ったらいかんで」とくぎを刺された。谷村は山下を連れて松下電器からいったん独立して、復帰した後に山下を呼び戻した上司だった。

当日、皆目見当もつかず、相談役を訪ねて「きみに社長になってもらおうと思っとるんや」と切り出され、仰天する。即座に断ったが、相談役、松下正治社長、先輩役員から繰り返し思い直すように説得を受ける。結局、引き受けたわけだが、経緯をかなり具体的に書いている。

社長になって初めて「経営の実態が予想以上に深刻であることを知った」。山下は経営改革に乗り出す。マスコミから「山下改革」と呼ばれた。老大国松下の経営体質に危機感を持ち、松下幸之助は末席取締役の山下を社長に起用する大胆な手を打ったのだが、実は2人の間には葛藤が生まれる。

こうした事情について『ぼくでも社長が務まった』はさらりと触れるだけである。

「社長就任以来、私は信じるところをやってきたし、いうべきことも率直にいってきた。ときには、そうした言動が相談役の気に沿わぬこともあったかと思う。実際、人事や施策について意見が一致しないことも ままあった」と書き、こんなエピソードを紹介する。

社長になってしばらくして、幸之助は「大忍」という直筆の額を山下の部屋に持ってきた。「自分もこの額を部屋にかけておく。きみがこの額をみるとき、私も見ているのだろうと思ってくれたらいい」と言った。

抑制した書き方だが、相当厳しい対立があったことをうかがわせる。筆者の取材では、幸之助は山下に自分の意を体して動く新しい番頭になることを期待していたようだ。しかし山下は、独立独歩の男だった。

あるとき米国に出張する山下を幸之助は見送った。帰国した山下はいつまでたっても報告に来ない。呼びつけたら、通り一遍の報告で山下は帰ろうとする。幸之助はたまりかねて呼び止めて「そんなのは報告したことにならん。くわしく話してくれなくては、あかんやないか」と注意した。すると山下は「そんなことまでいちいち報告しなければならないのなら、社長は辞めさせてもらいます」と切り返したそうだ。

以上は拙著の『中村邦夫「幸之助神話」を壊した男』で紹介したエピソードだ。前社長の松下正治会長について、山下は『ぼくでも社長が務まった』では「終始熱心に私の社長就任をすすめてくれた松下正治社長（現会長）は、私が引き受けたことを非常に喜んでくれた。その後も会長の立場から一貫して、私のやりやすいように応援してくれた」と書いている。

ところが幸之助の意向も忖度しない山下である。会長の正治を立てることもしない。住友銀行（現三井住友銀行）の磯田一郎会長が「山下さんと正治さんは仲がよくないな。私のところに2人で来たことがない」と話していた。とある事業部を山下社長が訪問したとき、正治会長が一緒に視察しようと先に来ていた。それを事業部に来て知った山下は回れ右をして帰ってしまったという。

この種の生々しい話は。山下は書いていない。隠すというより、本質的な問題ではないし、内幕を暴露するようで品がないと思ったのかもしれない。きっぷのよい山下の性格を考えると、そう思うのが自然だろう。

次いで構成は、「3章企業がおかしくなるとき」、「4章アクション61への道」と、山下改革をどのように発想して実行したのか、社長時代の経営を詳しくつづる。家電メーカーに満足していては時代に遅れる。「総合エレクトロニクスメーカー」に脱皮しようと改革運動「アクション61」を遂行する。

この改革運動が一区切りつく前に、改革を担当した谷井昭雄副社長との社長交代を決意する。社長在任9年で昭和61年（1986年）2月に、取締役相談役に退く。66歳だった。

続く「5章苦労が人間を育てる」、「6章世界に通用する日本人の心」は、経営者としての経験に基づく、経営に関連するエッセイである。例えば、毎月やっている定年退職者との懇談から、会社人生の幸せとは何かを考える。ある退職者の「私は40年間、1つの仕事をやらせてもらって、大変幸せでした」という話を聞いて思う。本人は幸せだったかもしれないが、山下にはそう思えなかった。もし他の仕事もして経験の幅を広げていれば、定年後も違う生き方ができるのではないか。「むしろ申し訳ない気持ちのほうが先に立った」

このように山下個人の素顔が文章の端々にのぞいているのが、『ぼくでも社長が務まった』を好ましい自分史にしている。経営者のスピーチには往々にして、会社の事業案内かありきたりの精神論などとほとんど変わらない退屈なものがある。自分史はやはり「自分」を書き込まなければ成り立たない。

6章は「世界に通ずる日本人の心」、最後の7章は「老いをどう迎えるか」で、いずれも論文でない点がよい。自らの体験からつづったエッセイ集といった趣だ。「私の人生は平凡そのもの（中略）平凡であるがゆえに、かえって、『おれでも、あのぐらいのことはできる』と参考になることがあるかも知れない」と締めくくる。平凡であろうと非凡に生きた人間の自分史である。

くだけた文章で嫌味なく読ませる『勝海舟自伝』

見てきたとおり構成はいろいろあるが、いずれにしても出生から執筆時点まで時間の経過に従って書く部分が中心になる。しかし全く思いつくままエピソードをならべる自分史もある。『勝海舟自伝－氷川清話』（勝部真長編・広池学園事業部）はそれだ。編者勝部がまえがきで、「『氷川清話』は、勝海舟晩年の語録である。明治三十年、三十一年の頃、（中略）勝海舟の弟子とかファンともいうべき人々が、何回か回を重ねて、翁の回顧談をひきだし、それを速記せしめたものであろう」と書いている。

だから年代順に整理して書いていないのも道理だ。勝海舟（１８２３－１８９９

年）は官軍の江戸攻めに際して、幕府を代表して西郷隆盛と会談して江戸無血開城を成し遂げた働きは有名である。もともと貧乏御家人の出身で、幕末動乱の中で才覚を認められて海軍奉行、陸軍総裁など幕府の要職を務めた。明治以降も元幕臣ながら、海軍卿兼参議、枢密院顧問官を歴任し伯爵にまで栄進した。子母澤寛の小説『勝海舟』にもなっており、小説家の創作欲を刺激するほどの魅力的な人物である。

『勝海舟自伝－氷川清話』は読んだ方はご承知の通り面白い。自信家の自伝は得てして鼻につくものだが、くだけた文章で嫌味なく読ませる。また様々な切所を踏んできた経験に裏付けられた言葉は含蓄がある。

例えば、「おれは、今までに天下で怖ろしいものを二人みた。それは横井小楠と西郷南洲だ」という。横井小楠は一般には知名度が低いが、時代を超えた幕末の解明的な思想家である。その横井について「西洋のことも別にたくさんは知らず、おれが教えてやったくらいだが、その思想の高調子なことは、おれなどは、とてもはしごを掛けても、およばぬと思ったことがしばしばあったよ」という調子だ。

西郷隆盛については「西郷に面会したら、その意見や議論は、むしろおれの方がまさるほどだったけれども、いわゆる天下の大事を負担するものは、はたして西郷ではあるまいかと、またひそかに恐れたよ」である。「おれが教えてやった」とか「おれの方がまさる」とかいう辺りはご愛嬌だが、人物を見ぬく目は確かだった。

西郷との江戸開城の交渉の経緯を述べ、その度量の大きさを的確に評価している。「西郷は、どうも人にわからないところがあったよ。大きな人間ほどそんなもので……小さいやつなら、どんなにしたってすぐ腹の底まで見えてしまうが、大きいやつになるとそうではないのう」。高禄の武家の若様育ちではなくて、下世話に通じていたのが、眼力を現実的に確かなものにしたように思う。

この『海舟自伝－氷川清話』の見出しは次の通りだ。

まず「自己の経験について」との見出しで、「おれが子どもの時には、非常に貧乏で、ある年の暮などには、どこにも松飾りの用意などしているのに、おれの家では、餅をつく銭がなかった」などと書く。続いて「古今の人物について」で、秀逸な人物評論を並べる。さらに「日本の政治」「日本の財政」「日本の外交」について。「理屈と体験」「精神上の一大作用」「わが文芸評論」「歴史と人生」についてと、縦横無尽に切りまくる。

人物評論は、前述の横井小楠や西郷隆盛のような著名人だけでなく、市井の人たちも同列に論じているところが、いかにも海舟らしい。料理屋の女将を取り上げて、「もちろん高尚の教育などあろうはずはないが、実地に世間の甘い辛いをなめ尽してきただけあって、なかなかおもしろいところがある」と評する。

年末、青柳という料理屋にいつものように昼食をとりに入ると、店の者たちが年越しの準備で忙しく立ち働いていた。この日はおかみさんの代わりに娘が給仕に出てきたので、「なかなか景気がいいと見えるな」と言ったら、しばらくしておかみさんが出てきて挨拶すると話しだした。「殿様、ただいま娘に宅のようすのお話があったそうですが、殿様には、私どもの暮らし向きは、とてもお解りにはなりますまい」

実は金は一文もなく亭主は年越しの金策に駆け回っている状態。それでも世間にはするだけのことをして、体裁をとりつくろっておかないと、人気が落ちて、しまいにはお客がこの店は魚まで腐っていると思うようになる。だから心の中では苦しくても、お客にも雇い人にもそんなことを顔に出すわけにはいかない。そうして「じっと辛抱しておりますると、世の中は不思議なもので、いつか景気を回復するものでございます」と、顔色ひとつかえずに話した。

これを聞いた勝は外交のコツにも通じる話だと感心した。「金が入用ならおれがあげよう」と言うと、おかみさんは「どうかなりますことなら、しばらく拝借を願いたい」とたいそう喜んだ。勝は財布を払って30両を出してやった。

しばらくたって、青柳に寄ると、今度は本当に景気がいい。おかみさんが先日のお礼を述べて、30両を返してきた。勝はそれを押しとどめて「この間のお前の話でおれもたいへんよい学問をした。お前は、なかなか感心なやつだ。ちゃんと胸の中に孫呉の奥義をそらんじ、人間窮達の大哲理を了解しているのだ」と、30両を受け取らなかった。

またこうも書く。「おれの顔も一時はなかなか売れたもので、ここの料理屋、あすこのお茶屋と始終出入りをした。あるとき、おれが地獄屋〈売春宿〉へはいるのを見たものがあるとかで、三条〈実美〉公から忠告を受けた」。勝は平気で「あれは私の昔からの友だちです」と言ったので、三条は驚いた。「いくらなんでも参議の身分でそんなところに出入りするのはいけない」と注意されたが、勝には通じない。「向こうでは地獄屋をしているか知らないけれど、おれの目にはただ昔の友だちと見えるのだもの」という認識だ。

とある料理屋の亭主をよく見ると、昔、勝に砲術を習っていた多賀右金次という男だった。勝がいきなり声をかけて確かめると、「まことに落ちぶれまして面目もございません」と卑下する。「なに、貴様よりおれの方が落ちぶれている。貴様は自分の腕で飯を食っているけれど、おれはようやくお上のおかげで食っている。おれよりも貴様の方がずっとえらい」。身分社会で育ち、その矛盾を知りぬいたゆえの透徹《とうてつ》した人間観は、勝海舟の真骨頂といえる。

いろいろな話が満載で、構成としては取りとめが無いように見える。しかし読者を飽きさせずに最後まで引きつけるのは、言葉を引き出してまとめた代筆者の手腕もあるが、やはり勝海舟という人物の魅力によるものというほかない。最後に「あてにもならない後世の歴史が、狂といおうが、賊といおうが、そんなことはかまうものか。要するに処世の秘訣は『誠』の一字だ」と書いている。何ものにもとらわれずに、自分に正直に生きたというメッセージである。

勝小吉の痛快な読み物自伝『夢酔独言』

余談だが、勝海舟のきっぷのよい性格は、父親の勝小吉（１８０２－１８５０年）譲りのところがかなりある。小吉は古風に言えば、とんでもない悪太郎で、その自伝

『夢酔独言』は痛快な読み物として知られている。
平凡社の東洋文庫版に収めた『夢酔独言　他』（『平子龍先生遺事』を含む）の編者は、『勝海舟自伝―氷川清話』と同じ勝部真長である。まえがきに作家坂口安吾の『青春論』から文章を引用している。

「僕は先日勝海舟の伝記を読んだ。ところが海舟の親父の勝夢酔という先生が、奇々怪々な先生で、不良少年、不良青年、不良老年と生涯不良で一貫した御家人くずれの武芸者であった。（中略）老年に及んで自分の一生をふりかえり、あんまり下らない生涯だから子々孫々のいましめの為に自分の自叙伝を書く気になって『夢酔独言』という珍重すべき一書を遺した」

その小吉が『夢酔独言』の冒頭の「鶯谷庵独言《おうこくあんどくげん》」で、もっともらしく訓戒を述べている。「無益の友は交《まじわ》るべからず。多言をいふ事なかれ。目上の仁は尊敬すべし。万事内輪にして慎み、祖先をまつりてけがすべからず。勤は半時早く出づべし。……」
という調子だ。

本文の最初にも、行動を戒める歌を置く。

気はながくこゝろはひろくいろうすく

つとめはかたく身をばもつべし

構成は、「出生」、「五歳のとき」、「七歳・養子・凧喧嘩」、「八歳のとき、九歳のとき」、「十歳のころ・馬の稽古」という具合に、年齢順になっている。

文章はいたってくだけている。のっけから「おれほどの馬鹿な者は世の中にもあんまり有るまいとおもふ。故に孫やひこのために、はなしてきかせるが、能《よ》く不法もの、馬鹿者のいましめにするがいゝぜ。おれは妾の子で……」と始める。

『夢酔独言　他』の編者勝部が書いた解説によると、勝小吉は享和2年（1802年）に、旗本男谷平蔵の妾腹の子として生まれた。祖父はもともと検校で金貸しをして富を蓄え、その遺産で父平蔵は旗本の養子に入り武士になった。小吉は平蔵の三男で、7歳で勝甚三郎元良の婿養子になる。勝家の家禄は41石で、勝部は「小禄であるから、正式には旗本というより、（狭義の）御家人というべきである」と書いている。

幼いころから小吉は暴れん坊で、5歳のときに3つばかり年上の子とケンカになり、顔面を石で殴り、「くちべろをぶちこはして、血が大そう流れてなきおった」という。

7歳で入った養家には意地悪な祖母がいて、面白くないので、外で遊び暮らしケンカざんまいの日々を送った。手の付けられない不良に育ち、柔術、剣術、乗馬の稽古にも勤《いそ》しんだ。

14歳のとき、祖母の底意地の悪さについに我慢できず、上方を目指して出奔《しゅっぽん》する。金を8両ばかり盗んで飛び出し、道を聞きながら品川宿まで来たが、さすがに「なんだかこころぼそかった」。その日は藤沢宿で泊まり、翌朝早く宿を出て、どうしたらよかろうと考えながら歩いていると、町人の2人連れの男が寄ってきて、「どこへ行く」と尋ねる。小吉が「あてはないが上方に行く」と答えると、「わしも上方へ行くから、いっしょに行け」と言う。心強くなり、それから男たちと旅を続けた。

ところが浜松に泊まったときである。道中での2人の親切に気を許して、裸で寝て、翌朝、目が覚めて肝をつぶした。枕元を見たら、着物も大小の刀も金もすべて盗られて無い。「おれも途方にくれて、ないていたよ」という有様だった。宿屋の亭主によれば、2人の男は旅人をだまして金品を奪う「ごまのはい」だという。その亭主の勧めで、物乞いをしながら取りあえず伊勢参りをした。野宿をしたり地蔵堂にもぐり込んだり、まるで野良犬のような旅をして4カ月ぶりに江戸の家に戻った。

また吉原遊びやけんかに道場破りと無頼の生活を送り、21歳で再び出奔する。三島宿では、「水戸のはりまの守が家中」をかたり、「御用の儀」があっての道中と偽って、大胆にも脇本陣に泊まる。放浪を続けるうち、甥が迎えに来たので一緒に江戸に帰ると、父親に説教された。

「おのしは度々不埒があるから先当分ひつ足（逼塞）して、始終の身の思安（案）をしろ」とのことで、座敷にしつらえた檻に入れられた。小吉も「能々考えた所が、みんなおれがわるいから起きたことだ」とやっと反省し、座敷牢で手習いや書を読むようになった。「二十一の秋から二十四の冬まで、檻の中へはいっていたが、くるしかった」と記している。

座敷牢を出てから幕府の役職に就こうと就職活動に励んだ。貧乏御家人で家禄だけではまともな暮らしができない。しかし小吉は無役のまま終わる。このため夜店で道具の売買をしたり刀剣のブローカーのようなことをしたりする。

天保9年（1838年）、息子の麟太郎（海舟）に家督を譲り37歳で隠居する。『夢酔独言』を書いたのは42歳のときである。

「四十二になって始て人輪（倫）の道かつ君父へつかへる事、諸親へむつみ又は妻子下人の仁愛の道を少ししったら、是迄の所行がおそろしくなった。よく〳〵読んであぢおふべし。子々孫々まであなかしこ」と結んでいる。

無軌道な生き方には恐れ入るが、身分が固定化した封建制度の中で、我を貫いた型破りの一生には、不思議な爽快感を覚える。小吉本人は武士とはいえ最下層のほとんど市井の徒として49歳で亡くなった。その悔恨の書ともいえる『夢酔独言』からは、満たされぬ人生のエネルギーが鬱勃《うつぼつ》と湧き出ているような印象を受ける。それが身分制が崩れる幕末の動乱期に、息子の海舟に乗り移って弾けたように思える。

2　日記、メモなどの材料をそろえて準備

人生を振り返り、何をテーマに書くか、構成、筋立てをどうするか、を考えることと並行して、準備しなければならない重要なことがある。記憶を補強する日記やメモなどの資料の整理である。

個人差があって、細かいことまでよく覚えている人もいれば、何があったかは記憶しているものの、事の細部までは思い出せないという人もいる。普通、何年何月何日のことだったかは、はっきりしないものである。また記憶そのものも時間が経つにつれて、無意識のうちに変わってくることもある。

自分史を可能な限り正確に書くには、手元に事実関係を確認できる資料があると便利だ。最も助けになるのは日記である。物心ついてから現在まで書き続けている日記があれば、それだけで自分史になる。

実際、そのまま出版された日記も多い。例えば永井荷風の日記『断腸亭日乗』（岩波書店）は文学として読み継がれている。内外の政治家や軍人などが残した日記もた

くさんある。これらは一般の個人の日記とは違って、自分がなしたことを記録しておいて、後々第三者に読まれることを想定したものが少なくない。

昭和18年（1943年）11月2日から21年10月17日まで書かれた『細川日記』（中公文庫）は、戦時中の指導層の動きを記録するために意図して書かれたものである。筆者の細川護貞は細川侯爵家の長男で、新日本新党の党首で首相になった細川護熙氏の父である。

『細川日記』は、近衛文麿から電話で、高松宮に各方面の情報を集めて伝える役目を引き受けてくれとの要請を受けた話から始まる。政府の公式情報しか得られない天皇に、高松宮を通じて実態に即した情報を伝えるための仕事である。「是は実に容易ならざる役目である。然し四囲の事情を考へるとき、一切を放擲してお受けすべきものの様に考へる」と、細川は引き受けた。

だが「政治的に実に危うい」と書く。高松宮にあげた情報が天皇に達し、政府の意見と違う場合、当然、ご下問がある。その際、政府は情報源を探り突き止めるだろう。機密漏えいのかどで一次情報源の「憂国の人々」に累が及ぶかもしれない。「かくては吾々の目的は水泡に帰すべく、或は逆に、事態は更に悪化しないとも限らない」と、悩むところまで詳細につづっている。

『細川日記』は戦時下の上層部の内幕を伝える貴重な歴史資料の一つといえる。細川は水面下での和平工作に関係し、記述から緊迫した空気が感じられる。例えば、昭和20年6月21日「今や此の日記は、重大なる恐怖を我が頭上に齎《もたら》す。然り、そは憲兵の近衛系に対する弾圧である。余は此のノートを何人にも知れざる秘密の個所に仕舞はねばならなくなった」と記す。

7月19日の記述には「十二日、重臣会議の直後、宮中から御召があり、国民服のまゝ参内し拝謁申し上げた処、陛下は現戦局につき非常に御心配遊ばされて居り、『ロシアに行ってもらふことになるかも知れない』との仰せがあった…（中略）その場で御受けした」とのくだりがある。ソ連の仲介による和平交渉を具体化するために天皇が細川の派遣を考えていたことを示すものだが、もちろん実現しなかった。

このように日記があれば、その時の事実関係とどのような気持ちだったかを、正確に書ける。覚書や走り書き程度のメモでも、自分史を書くときに随分助かる。

詳細でリアルな描写で小説よりも面白い『高橋是清自伝』

日本銀行総裁や大蔵大臣を歴任して昭和11年（1936年）の二・二六事件で、反乱軍に殺害された高橋是清（1854－1936年）は、『高橋是清自伝』（中公文庫）を遺している。「私は、生れて（安政元年）から三、四日もたたぬうちに、仙台藩の高橋家に里子にやられた」から始まる、この自伝は実に面白い。波乱万丈の青少年期をへて、日銀副総裁になって日露戦争の戦費調達のため外債募集に成功するまでを、非常に詳しく書いている。

それもそのはずである。序にこう書いている。「私は最初自分の伝記を公刊する考えは少しもなかった。ただ子孫に残すために、その概略を綴《つづ》っておきたいと、数年前から暇を見ては、日記、手帳、往復文書など諸般の資料を整理して来た」

用意がいい。さらに「何しろ、維新前に遡ってからの諸資料であるから、誠に多種多様でかつ広汎なものである。それを順々に整理して、資料になりそうなものはすべて上塚《うえつか》君に渡しておいた」と続ける。

「上塚君」とは側近の上塚司で、受け取った資料を読み解いて分類し、それに基づいて、高橋から話を聞き出して筆記する作業に取り組んだ。上塚も「主記者の言葉」として経緯を『高橋是清自伝』に寄せている。口述筆記したノートは「三十余巻」になった。書いた原稿には「手記者自身の私見や第三者の意見は少しも含まれていない」という。

「一節を終るごとに清書して翁の検閲を請うた。翁は親しく筆を執ってこれを補正せられた。しかしてこの補正は一回、二回に止まらず、三回、四回、中には五回に及ぶものすらある」。高橋はかなり几帳面な人だったようだ。上塚は「本書は、波瀾長畳、数奇極まる七十有余年の思い出を、数年の長きにわたり翁自ら口述せられたる、偽らざる告白である」と、完全な自伝であると強調している。

高橋の「序」の日付は昭和11年（1936年）1月。上塚の「手記者の言葉」の日付は同年同月31日である。二・二六事件が起きたのは翌月の26日で、高橋是清は反乱軍に襲撃されて殺害された。享年81。

『高橋是清自伝』は、ロンドンでの公債募集を終えて「私はいよいよ十二月二十日（明治三十八年）ロンドン発、ニューヨークを経由して、明治三十九年一月二十三日、桑港《サンフランシスコ》出帆のサイベリア丸にて帰朝することに決定した」で終わっている。まだ51歳で、その後、日本銀行総裁や大蔵大臣になり、とりわけ昭和恐慌を乗り切るために高橋財政を展開した部分は、残されたままである。恐らく続編も書くつもりだったのではないか。

伝記作家の小島直記が中公文庫に収めた『高橋是清自伝』の解説で、興味深いエピソードを書いている。「ジャーナリスト出身の評論家で、『高橋是清』（昭和三十三年、時事通信社刊）を書いた今村武雄は、高橋の遭難直後、私邸二階の寝室を見た印象をのべている。今村の目にまっさきにとまったのは、机の上や本棚のすみにきちょうめんに積んであるおびただしい数の懐中日記であった」。これで今村は、なぜ高橋が昔の出来事を正確に詳述できたのか納得した。

小島は「高橋がこの本の口述をしたのは、すでに七十代のおわりから八十代の老境に達したときとおもわれる。ところが、そういう老翁の回想にしては、いささかも老衰、記憶喪失のあとがなく、じつにリアルで、生々としている。まことに、小説のように具象的描写と人物の躍動があって、しかも小説よりもおもしろいのである」と絶賛している。

確かに、読むと描写が実に細かい。幼児のころの話も、小説のようにまるで見てきたように具体的に書いている。この辺りは、後から当時の出来事を、居合わせた人たちに聞いて記録していたのだろう。

例えば、「三ツか四ツの幼い時」に自分を「楽観論者」と思うようになった体験を記している。江戸の仙台藩中屋敷にあった稲荷の周りで遊んでいると、藩主の奥方が参詣に来た。たまたま稲荷の神殿の後ろにいた高橋が、礼拝した奥方の前にのこのこはい出して、「その綺麗な着物を取って、『おばさん、いいべべだ』といったそうだ」

周りの者は驚いたが、奥方は「どこの子だか、可愛い子だネ」と頭をなでた。するとお供をしていた、後年高橋が漢学を学んだ鈴木諦之助の妻女が「これは高橋という者の子供です」と教えた。そうこうするうちに、高橋は奥方の膝の上にあがってしまった。

「このことを聞いて、親父など恐縮してしまい、何かおとがめでもないかと、ビクビクしていると、その夜になって、鈴木の妻女から奥方が明日あの子を連れて来いとのお仰せである旨を報じて来た」。貧乏な足軽なので、着ていく衣服が無い。苦労して夜のうちに整えて、翌日、上屋敷に参殿した。

「奥方は大変に喜ばれて、お叱りどころか、いろいろな品を頂戴して帰って来た。

それで同輩の人々からは『高橋の子は幸福者よ』と大変に羨ましがられた。それもそうであったろう、足軽の子供が殿様の奥方に呼ばれるなんてことは、まことに例のないことであったから」

こうした「幸福者だ」という評判が、「子供心の自分の耳にも這入った。そうして自分は幸福者だという信念が、その時分から胸中ふかく印せられておった」というわけだ。

当時は、ちょっとした事件だったので、側で見ていた鈴木の妻女や親などに鮮明な記憶として残ったのに違いない。恐らく、それを何度も聞かされたので、高橋は微に入り細を穿《うが》つように『自伝』に書き込めたのだろう。

運の良さは生まれたタイミングについてもいえる。卑近な例で言えば、バブル経済華やかなりし頃に就職できた人は売り手市場で、大手企業は豪華な社宅も用意して迎えてくれた。ところがバブルが弾けて景気が冷え込むと、一転して就職氷河期である。希望通りの就職はかなわず、望まぬ非正規社員を選択せざる人も少なくなかった。

わき道にそれたが、高橋是清が生まれた安政元年（１８５４年）は、歴史の転換点を象徴する年だった。前年来航した米国のペリーが再び、予定通り来て日本と「日米和親条約」を結んだ。２００年以上続いた鎖国は終わり、日本は国際社会に押し出された。幕末の動乱は激しさを増し、わずか14年足らずで江戸幕府は瓦解し明治になった。

　高橋は面倒をみてもらっていた祖母のはからいで仙台藩の菩提所である寿昌寺（現在の品川区）に小姓として奉公に出た。そこで江戸留守居役の大童信太夫《だいどうしんだゆう》に見出される。開明的な大童は、藩から誰かを横浜に洋学修業に出そうと考えて、その候補の１人に高橋を選んだ。高橋はまず英国の銀行の支店でボーイとして働きながら英語を学び始めた。これが大きな転機になったことは間違いない。

　しかしその機会を生かしたのは、楽観的な高橋の積極的な姿勢である。こうして米国行きを許される。船出の日が近づいて、祖母が短刀を渡して、「これは祖母が心からの餞別です。これは決して人を害《そこ》ねるためのものではありません。男は名を惜しむことが第一だ。義のためや、恥を掻いたら、死なねばならぬことがあるかも知れぬ、その万一のために授けるのです」と言い添えた。加えて、切腹の方法まで教えてくれたというのだから、当時の武士階級の人たちの身を律する姿勢の厳しさがうかがえて興味深い。

世間的に後に目覚ましい立身出世を遂げた高橋是清が、固い倫理観を失わなかったのは、このような教えを祖母から子供のころに受けたことも一因かもしれない。『随想録』（中公クラシックス）という著書に「出世の目標は何であるか」について書いている。

「私は人間出世の目標を、飽くまで敬虔な精神的方面に置かなければならぬと信じて居る。名利を達するといふことが、決して人間出世の目標でない。それでは決して心の満足、心の安定が得られるものでない」

これに続く言葉はなるほどと思わせる。「名利を達することが、人間出世の目標であるとするならば、出世は人から与えられることになる。人から与へられるとすれば、人の力に縋《すが》らなければならぬようになる。そうすれば自ら巧言令色、心にない御世辞をいったり、阿諛《あゆ》したり、人のご機嫌を取るに、一生涯遑々《こうこう》として苦労せなければならぬ…」。独立独歩で人生を歩んだ人間の気概が行間にあふれている。

『高橋是清自伝』によると、米国に向かうために、米国船の「コロラード号」に横浜から乗り込んだのは、慶応3年（1867年）7月24日である。翌25日朝6時に3発の号砲を合図にサンフランシスコに向けて出港した。2日目の27日に誕生日がきて、やっと満13歳である。

　この慶応３年の10月には江戸幕府最後の将軍徳川慶喜が「大政奉還」に踏み切り、12月に「王政復古」が明治天皇によって宣言された。翌年９月８日に「明治」と改元される。時代が大きく動く中、高橋の人生も大きな一歩を踏み出したことになる。しかしまだ子供だけに、米国でとんでもないことになる。

　米国行きが許されたとき、一緒に行く大人たちは学校で勉強できる手当が藩から出るが、高橋ともう１人の鈴木六之助は幼いので、米国で誰かに世話を頼むことになった。先に「英国兵式」を学ぼうと横浜に来ていた星恂太郎という人が、自分が勤めている店の米国人の主人ヴァンリード氏に相談してくれた。「その二人の子供は自分の方で引き受けて、サンフランシスコにいる自分の両親に世話してもらおう」というヴァンリード氏の提案により、現地での受け入れ先が決定。高橋と鈴木の旅費、学費は藩からヴァンリード氏に渡された。

　ところがサンフランシスコのヴァンリード家に来てみれば、使役に追われて、ひどい待遇だった。「事情があまりに最初の予想を裏切っているので私は非常に憤慨して、俺はこんなにこき使われるために来たのではない、こう約束が違う以上俺はもう働かないといって、何を命ぜられても言うことを聞かなかった」と、高橋はいわばストライキを始めた。

手を焼いたヴァンリード老人はオークランドの金持ちの家に移らないかと勧める。「昼は暇だから奥さんが学問を教えてくれる」という甘い言葉に乗って、同意すると、公証人役場に連れて行かれた。そこにはオークランドの家の主人も来ており、1枚の紙を渡されて署名しろという。何が書いてあるのか分からなかったが、疑うことなく喜んで署名した。

新しく移った家では、馬や牛の世話をさせられた。しばらくして、そこの使用人と大ゲンカをして、いるのが嫌になり、主人に「暇をください」と申し出た。するとそうはいかないという。「お前の身体は、三年間は金を出して買ってあるのだ。（中略）サインまでしたではないか」と言い返された。「私は驚いてしまった。あの時署名したのは身売りの契約書であったのか、実にけしからぬことだ」と、『高橋是清自伝』に当時の怒りを書いている。

日本から来て英語がよく読めない子供を、ヴァンリードは奴隷として売ったのだから、ひどい話だ。オークランドの家から、また他へ売られそうになったが、先に仙台藩を脱藩同様にして来ていた人の助言で、横浜で知り合った人が勤める店に身を寄せた。

その最中、日本が大変なことになっているのを知る。大政奉還、王政復古、上野の山での官軍と彰義隊との戦いと、まさに激動だった。日本からきた「もしほぐさ」という新聞は、上野を官軍が攻め落とすのに3日間もかかったと書いている。

先に米国に来ていた人たちと集まって、「上野に三日かかるくらいなら、幕府が勝つようになるかも知れぬと話し合った」。当時はこうした認識もあったのだろう。遠く離れていれば、なおさら時代がどう動くか分かるはずがない。

ニューヨークで就学中だった仙台藩士らが国の急変を知り、帰国するためニューヨークからサンフランシスコにやって来た。彼らは高橋が奴隷にされていることを知ると、奴隷契約の破棄に動いてくれた。ヴァンリードと交渉の結果、何とか契約を解消して、高橋は「天下晴れて自由の体になった」

米国に渡ってからここに至る一部始終は荒唐《こうとう》無稽《むけい》で、もし小説にしたら、逆にリアリティーがないと思われそうだ。後に日本のトップリーダーの1人になる人物が少年時代に米国で奴隷だったとは、面白すぎる。

高橋もやはり国がどうなっているのか気になり、帰国した。横浜に着いたのは明治元年（１８６８年）12月で、14歳だった。一緒に帰った仲間のつてで外国官権判事《がいこくかんごんはんじ》の森有礼（後に文相）の書生になり、英語の能力を買われて翌年3月に大学南校の教官三等手伝いに任じられた。

高橋が早熟なのか、昔の人は大人になるのが早いのか、16歳で茶屋遊びを覚える。「その内に芸妓とも馴染みが出来、自然学校も欠席がちになった」ある日、不行跡を外国人教師に見られて、自ら辞職する。収入が無くなり、馴染みの芸妓の家に転がり込む。

「男一匹、こんなことではいかぬと、自分で自分に愛想がつきて、ある日夕方、その家の前で、天を仰いで考え込んでいると…」。突然、横浜時代の知り合いから声をかけられた。

そのやりとりも、具体的に書いている。こんな具合である。

「君は和喜（次＝是清の幼名）さんじゃないか、久し振りだな」

「オヤ、君は小花君だったネ、今君は何をしている」

「僕は内務省に勤めている。して君は何をしているか」

「僕は何もしていない、何かしなくちゃならぬと思っている」

「そりゃちょうどよい。このごろ、肥前の唐津藩で、英語学校を建てたといって、その教師を探している。（中略）どうだろう、あそこへ行っては」

この偶然の出会いから唐津英語学校の教授になる。17歳である。「私は唐津に来てからは従来に増して酒を飲むようになった。朝は教場に出る前に冷酒をやり、昼は一升、夜は学校の幹事などを集めて酒盛りをやるという風で、毎日平均三升ずつ飲んでいた」。奔放な高橋は明治5年18歳の秋、再び東京に戻り、大蔵省所管の駅逓寮に英語の翻訳や通訳の仕事で入り、大蔵大輔《たいふ》の井上馨から大蔵省十等出仕の辞令を受ける。

しかし駅逓寮は長官の前島密と衝突して辞職し、転職を繰り返す。『高橋是清自伝』について小島直記は端的にこう解説する。「この本は貴重な『転職者』の実例を語るのである。高橋是清はまず、転職の回数、その社会通念的序列のピンからキリまでという振幅の度合いにおいて、日本人としてはトップに立っている」

現在、終身雇用慣行にとらわれない人材の流動化が、社会的に求められている。停滞した分野から伸びる分野に人材が移れば、経済成長の加速が期待できるからという。高橋の例を見ると、時代の転換期には有為な人材は埋もれるヒマはないようだ。

この『自伝』のクライマックスである日露戦争の戦費調達のために外債募集に奔走したくだりは、多彩な経験を強固な意思をもって重ねてきた高橋是清という特異な人物の、人生における一つのピークを示す。

日本銀行副総裁だった49歳の高橋は、外債募集を井上馨から命ぜられて、「委任したる全権者に絶対の信用を置かれたい」と条件をつけた。外債募集の内幕は、日記などの資料に基づいて書いたためだろう。克明で臨場感あふれる筆致である。

後に日銀総裁になる深井英五を秘書として伴い、明治37年（1904年）2月24日に横浜を立ち、米国ニューヨークに寄ってから英国に入った。ロンドンの銀行家は、日本の公債の引き受けに消極的だった。英国政府の意向がはっきりしない、白色人種と黄色人種との戦争である、日本に勝ち目はない等々、いろんな理由が銀行家をちゅうちょさせていることが分かった。そこで高橋は日本を理解させるために連日、銀行家に日本について説明して回った。

次第に打ち解けてきて、発行条件の交渉に入れた。ようやく政府が希望する1000万ポンドの半額を発行する仮契約を銀行家と結ぶまでに漕ぎつけたのは、日本を出て約2カ月後のことだった。

これを祝って英国人の友人ヒル氏が晩餐に招待してくれた。そこで「米国人のシフ氏という人に紹介された。シフ氏はニューヨークのクーンロエプ商会の首席代表者で、毎年の恒例としているヨーロッパ旅行を終え、その帰途ロンドンに着いたところを、ヒル氏の懇意な人とて、同時に招待をしたのであった」

「いよいよ食卓に着くと、シフ氏は私の隣に坐った。食事中シフ氏はしきりに日本の経済上の状態、生産の状態、開戦後の人心につき細かに質問するので、私も出来るだけ丁寧に応答した。そうしてこのごろようやく五百万磅《ポンド》の公債を発行することに銀行者との間に内約が出来て満足はしているが、政府からは年内に一千万磅《ポンド》を募集するように、申付けられている。しかしロンドンの銀行家たちがこの際、五百万磅《ポンド》以上は無理だというので、やむを得ぬと合意した次第であるというような話もし、食後にもまたいろいろな話をして分れた」

その翌日、パース銀行のロンドン支店長で旧友のシャンド氏が、「取引先である銀行家ニューヨーク、クーンロエプ商会のシフ氏が、今度の日本公債残額五百万磅《ポンド》を自分が引き受けて米国で発行したいとの希望を持っているが貴君のご意見はどうであろうか」と言う。「私はシャンド氏の言葉を聞いてそのあまりに突然なるに驚いた」と高橋は記す。

それはそうだろう。昨夜、初対面で、高橋は「クーンロエプ商会」とか「シフ」とかいう名前も初めて知った。有難い話なので、ロンドンの銀行家たちが差し支えなければ、異存はないので進めてもらいたいと答えた。そして念のため、政府に電報を打ち意向を確認した。話はとんとん拍子でまとまり、英米で1000万ポンドの公債を発行できるようになった。

「私は一にこれ天佑なりとして大いに喜んだ。そしてこの喜びは独り私ばかりでなく、日本人ばかりでなく、英国人もまた非常に喜んだ」という。実は公債募集の突破口を大きく開く思わぬ効果をもたらしたのである。

英国王室はロシア王室と親戚関係にあり、さらに白人対黄色人種の戦争という側面もある。英国が単独で日本を援助するのは心理的に差し障りがあったのである。米国が日本公債の引き受けに加わってくれれば、英国だけが日本に肩入れするという形ではなくなる。その結果、英国の金融界は堂々と日本公債を引き受けることができた。

細目が決まり、5月11日英米で公債発行の日を迎えた。日本軍が1日に鴨緑江での戦いに勝ったことが新聞に載り、日本公債は大人気になった。「私も、景気を見に発行銀行の界隈に行ったが、申込人が列をなして順繰りに這入り込んで行く行列が二、三町も続いていた。実にロンドンでは珍しい光景であった」。目撃しなければ書けない情景描写である。

高橋是清は豪胆な決断で大小の難局を乗り切った。随行した深井英五の『回顧七十年』（岩波書店）によると、明治四十年の戦後公債募集に際して、英仏の関係者との交渉が難航して行き詰ったことがある。「其の時高橋氏は彼等と手を切って別に計畫《かく》する所あらんとする決心を示し、それによって英佛團《ふつだん》を承服せしめた」という（『回顧七十年』）。

「此の間高橋氏は腹藝《げい》を演ずるに必ずしも豫《あらか》じめ政府の承認を求めず、深刻なる責任上の覺《かく》悟を以て進んだ。最後に従来の英佛《ふつ》關《かん》係者と手を切って、別の計畫《かく》を立てんとするときには、若し失敗すれば腹を切ると私に語った」（同）

胆力もさることながら、高橋は極めて細心かつ実務能力にたけた人でもあった。最初の外債募集に随行した際の思い出を深井英五はこうつづっている。「高橋氏は云ふまでもなく、交渉の計畫《かく》、市場の観察、条件の商量等に力を注いだが、事務が私の手に余るときは暗号電信や文書の浄書の如き細事にまで自ら手を染めたこともある」。

たたきあげだから、必要ならば事務の仕事も苦もなくこなせるのだろう。

しかし大ざっぱな人間には、日記をつけたり資料や手紙を整理して保管したりすることは難しい。それでも方法はある。親族、友人、知人、仕事関係者などに、記憶があやふやなところを確認する手がある。2022年8月に日本経済新聞に『私の履歴書』を連載した俳優の山﨑努は、幼少期について、近くに住んでいた同い歳のいとこに協力してもらったと書いている。

「彼は抜群に記憶力がよい。昔のことを微細に憶えている。比べて僕はあきれるほど物忘れがひどい」

「そういうわけで、今回のこの回想記はいとこの力に負うところが大きい」

ただし「僕はこの20年、日記をつけている」という。要するに、事実関係については、できる限り正確を期すために、文書または証言により確認することが、執筆前の準備作業として必要である。

3　時代背景を念頭に生き生きと

明治の歴史評論家、山路愛山の『徳川家康』（岩波文庫）に「時勢は英雄を作り、英雄もまた時勢を作る」という言葉がある。織田信長を指しており、一読して言わんとすることは理解できる。

歴史をひもとけば、実例が容易に見いだせるからである。時代に求められたかのように人材が登場し、そうした人材が時代を推し進めていく。織田信長、豊臣秀吉、徳川家康しかり、明治維新を担った西郷隆盛を初めとする多くの人材の輩出は代表的である。

自分史を書く場合も、ＳＦではないので、時代背景を全く抜きにするわけにはいかない。80歳以上の方は、戦争、終戦後の混乱、復興などを生き抜いてきた。団塊の世代は、学生運動、高度成長、バブル経済、その後のデフレ経済を経験して現在に至っている。時代、時勢をうまく背景に取り込むと、自分史は生き生きとしたものになる。

渋沢栄一の『雨夜譚《あまよがたり》』

前述の高橋是清の『自伝』は、時代と二人三脚のように歩んだことを、巧まずして活写している。もう一つ例を挙げると、渋沢栄一（１８４０－１９３１年）の『雨夜譚』（岩波文庫）がある。渋沢栄一は明治維新後、経済の近代化を推進し、日本に資本主義を確立した実業界のトップリーダーである。

その自伝である『雨夜譚』は、渋沢が満47歳の明治20年（１８８７年）に、子弟に請われて幼少期から大蔵省を退いた明治６年（１８７３年）までの履歴を、５夜にわたって語ったものである。渋沢が「我が実業界の最高指導者」（土屋喬雄著『日本資本主義史上の指導者たち』）と呼ばれる民間での活躍は、大蔵省退官後なので、『雨夜譚』には含まれていない。

91歳で亡くなっているので、その３分の１ほどしか語られていないのだが、渋沢も日本もともに大きな変化を遂げた極めて重要な時期に当たる。

作家幸田露伴は『渋沢栄一伝』（岩波文庫）で、「人は誰でも時代の人である。時代に属せぬ人というものが有ることは無いが、その人おのずからにして前時代人のような風格を有して、そして時代に後れ、時代に埋没して終る人もあり…」と書く。そのうえで「栄一は渋沢氏の家の一児として生まれたのは事実ではあるが、それよりはむしろ時代の児として生まれたと云った方が宜《よ》いかとも思われる」と述べる。

渋沢が生まれた天保11年（1840年）は清と英国とのアヘン戦争が起きた年である。2年後、戦争は清の敗北で終わり講和条約（南京条約）が結ばれて、清は英国に香港島の割譲や5港の開港などを認めさせられた。米国のペリー来航は13年後だが、欧米帝国主義勢力は目前に迫っていた。

文久3年（1863年）、満23歳のとき、攘夷熱にかられて「暴挙」を企てた。「尾高惇忠・渋沢喜作（栄一の従兄）の両人と自分と、都合三人で密議を凝らした」。それは「一挙に横浜を焼き討ちして、外国人と見たら、片ッ端から斬り殺してしまうという戦術であった。しかし横浜襲撃の前にまず高崎の城を乗取って兵備を整えた上で、高崎から兵を繰り出して鎌倉街道を通って横浜へ出れば通行も容易である」という計画だった。

渋沢が家から持ちだした150～160両で、刀などの武器を買って準備し、同志を69人ばかり集めた。決行は文久3年11月23日と決めた。家に累が及ばないように、父親に勘当してくれるように話した。しかし話し合はなかなか結論に達しなかった。夜を徹して朝を迎え、ようやく父親は了承した。

父親は何をするつもりなのかしきりに尋ねたが、渋沢は明かさなかった。父親は「この上はモウ決してその方の挙動にはかれこれと是非は言わぬから、この末の行為に能々注意して、あくまで道理を踏み違えずに一片の誠意を貫いて仁人義士といわれることが出来たなら、その死生と幸不幸とにかかわらず、乃公《おれ》は満足に思う」と述べた。渋沢は「今でもなお耳の底にあるように思われて、話をするのもなかなか落涙の種子である」と回想している。

事を起こす前に、京都の形勢を知っておこうと、京にいる尾高惇忠の弟長七郎を呼び寄せた。これが渋沢の運命を変えた。長七郎は「暴挙の一案は大間違いである」と猛反対した。そのくらいの人数では幕府や諸藩の兵によって簡単に鎮圧され、百姓一揆と同様に見なされて、何の影響もなく終わると言うのが反対の理由だった。

『雨夜譚』に緊迫した場面が出てくる。「この時も徹夜して論じた末に、長七郎は自分を殺しても挙行を抑止するというし、自分は長四郎を刺して挙行するというので、ついに両人して殺すなら殺せ、刺違えて死ぬというまで血眼になって論じたけれど…」

それでも一歩も引かない長七郎に対して「自分も退いて熟々《つらつら》考えて見た所が、なるほど長七郎のいう所はもっともである」という冷静な考え方が頭をもたげてきた。よい結果がとても見込めないならば、「世間においては児戯に類した挙動だなどと評判されまいものでもない。ソウなる日にはつまり我々に続きて起る志士もなく、いわば犬死になるかも知れぬ」。長七郎の説が道理とさとり計画中止を決断した。

血気にはやりながらも、最終的に理性が勝ったあたりは、経済合理性によって立つ実業家として大成する渋沢栄一の特異な資質がうかがえる。攘夷計画を止めたら、いつ露見するかわからないので、このままとどまるのは危険だ。渋沢は従兄の喜作と、志士が集まる京都に逃れることにした。

この京都行きのために選んだ手段が、渋沢栄一を歴史の大舞台に押し出すきっかけになった。渋沢と喜作には、一橋家の用人の平岡円四郎という知り合いがいた。一橋家は最後の将軍になる徳川慶喜が相続した家だ。幕府を倒そうという渋沢が、一橋家の家来の平岡とどんなきっかけで知り合ったのか、『雨夜譚』では分からないが、平岡は「幕吏中の志士」という。それで馬が合ったのだろう。江戸で渋沢らはたびたび訪ねて親しくなっていた。

平岡から「(足下らは)実に国家のために力を尽すという精神が見えるが、残念な事には身分が農民では仕方がない。幸に一橋家には仕官の途もあろう」と、声をかけてくれたこともあった。その平岡は、慶喜が京都守護総督になったので京都にいる。そこで一橋家の家来を名乗らせてもらって、無事、京都に行けた。

京都では、志士気取りでいろいろな人にあったり伊勢参りをしたり、結構、気楽に過ごしている。父親から100両をもらっていたからだろうが、金が尽きかけたとき、平岡から一橋家仕官の誘いを受けた。

渋沢らは相談して「いまさら食うことが出来ませぬ、居所がありませぬから御召抱えを願いますというのでは残念だから、一ト理屈を付けて志願しようじゃないか」と一計を案じた。意見書の提出と慶喜に拝謁することを仕官の条件としたのである。相当に無理を言ったわけだが、受け入れられて、徳川慶喜の家臣になった。

元治元年(1864年)、24歳のときである。身分は農民から武士に変わった。渋沢にいくら能力があるとしても、幕末の動乱期でなければあり得ないだろう。渋沢は一橋家で持ち前のマネジメント能力をいかんなく発揮した。勘定組頭に出世して一橋家の財務を事実上任され、食禄25石7人扶持、滞京の手当てが月給21両の待遇を受けるまでになる。

慶喜が14代家茂の死去に伴い15代将軍に就任すると、渋沢は幕臣として召し抱えられた。しかし慶喜の将軍家相続に反対だった。徳川家は、朽ちた大きな家のようなもので大黒柱１本替えてももたない、抜本的に改造するしかないと考えていたからである。加えて幕臣になったといっても、陸軍奉行支配調役という慶喜将軍にお目通りのかなわない役である。やる気をなくしていたところ、慶喜の実弟、徳川昭武《あきたけ》のパリ万国博覧会派遣に随行を慶喜に命じられた。

出発は慶応３年（１８６７年）１月で、26歳の渋沢は、それまで攘夷論を唱えていたのが、外国のよいところを積極的に取り入れようという気持ちにころりと変わった。日本人に今も見られる、柔軟なプラグマティズムが渋沢にもあった。

その年の10月、大政奉還があり、翌年の明治元年12月に帰国した時には、江戸幕府は消滅していた。「暫時《ざんじ》でも幕府の人となって海外旅行の留守中に主家が顚覆《てんぷく》した次第であるから、江戸が東京となったばかりでなく、百事の変革は誠に意外で、幕臣はあたかも喪家《そうけ》の狗《いぬ》の如く」と、渋沢は当時の気持ちを述べている。

だが、この思いがけない洋行で西欧の文明に直接触れたことは、渋沢にとって実業界の指導者になるうえで決定的な経験であった。渋沢はいったん慶喜の隠棲する静岡に移り、明治政府が静岡藩に貸し付けた新紙幣を生かして、明治2年春、日本初の株式会社組織の「商法会所」という商事会社を設けた。渡欧で得た株式会社の新知識を早速実践したわけである。これからというその年10月、渋沢に明治政府から呼び出しがきた。

東京に出て太政官に出頭すると、「思いも寄らぬ大蔵省租税司《そぜいし》の正《しょう》という職を仰せ付けられた」。辞退するも、大隈重信の説得により明治2年（１８６９年）12月、29歳で大蔵省入りする。租税、貨幣、銀行などの諸制度の改革をして、6年5月に退官した。

『雨夜譚』はここで終わっている。実業界に転じてから約20年たっていたが、「商界に入ってからの事は現世であって、これを過去ということは出来ぬから、むしろいわぬ方がよろしいと思います。よって過去談はこれで終局といたします」と話を閉じている。

しかし『雨夜譚』の30年余りは、「渋沢栄一」という人物の将来を決めるとともに、日本の現在に至る運命を決した期間だったといえる。

蛇足になるが、江戸幕藩体制の封建制が崩れ始めたときに、武士の下に置かれた農民という境涯に強く矛盾を感じたことが、渋沢栄一の原点だったのではないだろうか。渋沢は「農民」と称しているが、ただの農民ではない。生まれたのは武蔵国血洗島《ちあらいじま》村（現在の埼玉県深谷市血洗島）の豪農の家である。

農業以外に、養蚕、藍玉商、金融業を営み、相当の財力があった。父親の市郎右衛門は家業に精励していたが、「四書や五経ぐらいの事は、十分に読めて、傍ら詩を作り俳諧もするという風流気もあり」と渋沢が述べている。渋沢自身も6歳ごろから父に教えられて、『大学』『中庸』『論語』を読み始めた。7、8歳からは尾高惇忠について、『小学』『蒙求』から四書五経、『日本外史』『日本政記』などまで読んだ。

「十四、五の歳までは、読書・撃剣・習字等の稽古で日を送りました」という。そのころから農業、商売に力を入れるように父親から求められた。このように幼いころから知識を旺盛に身に着け、家業にも携わっていたので、渋沢は10代半ばで、十分に思慮分別のできる人間に育っていた。

17歳のときである。血洗島村の領主が御用金を求めてきた。渋沢家は500両を用立てなければならなかった。父の名代として村のほかの2人と、代官の陣屋に出かけた。話を聞いて、他の2人は家の当主なので、その場で承知したが、渋沢は戻って父に伝えて改めて返事すると答えた。すると代官は、いったん帰ってからなど承知しないと言う。渋沢は「貴様はつまらぬ男だ」などと悪態をつかれ、散々叱られたりバカにされたりしたが、父親の言いつけを守り通した。

帰り道で、渋沢は幕府の政事がよくないと初めて思った。領主は、年貢を取り立てながら、返さない金員を御用金とか何とか言ってさらに取り立てる。その上、人を嘲弄して貸した物を取り返すように命令する道理は、どこから出てくるのか。あの代官のような低劣な人間が威張るのは官職を世襲するという「徳川政治から左様なったので、もはや弊政の極度に陥ったのである」と考えた。

この先も百姓をしていると、あのいわば虫けら同様の知恵分別も無い者にあざけられるのは残念千万だ。「これでは何でも百姓を罷《や》めたい、余りといえば馬鹿馬鹿しい話だ、ということが心に浮かんだのは、すなわちこの代官所からの帰りがけに、自問自答した話で、今でも能く覚えて居ります」と、憤りの言葉が『雨夜譚』に記されている。

「そのうちに世の中が追々騒々しくなって来て、既に嘉永六年癸丑《みずのとうし》の年にはアメリカのペルリという水師提督が、四艘の軍艦を率いて…」と、当時の時代状況を語り、攘夷、倒幕の立志になるわけである。実業を肌で知る渋沢は、その透徹した眼と行動力によって、時代の大きなうねりを的確にとらえたといえる。

自分史に時代背景を取り込む場合、東日本大震災のような大災害に遭ったようなことならば、鮮明に記憶しているだろうが、何年何月だったかはっきり思いだせないものもある。今はインターネットでかなり調べられる。それでも間に合わなければ、簡単に確かめる方法がある。近くの図書館にレファレンスルームがあれば、そこの司書に相談すれば資料を探す手伝いをしてくれる。またデータベースで調べてくれる場合もある。

あのとき世の中ではこんなことがありましたと一言加えるだけでも、イメージがふくらみ読む人の理解が違ってくると思う。

第3章　読み物として面白く書く方法

1　書き出しに一工夫

書店にぶらりと入って何気なく本を選ぶとき、タイトルを目で追って興味を引く本に自然に手が伸びる。本を開き、まず前書きを見る。こちらの関心にだいたい合っている。次に本文の書き出しである。1、2ページ読んで、読む気をそそる本ならば、衝動買いになる。結果、当たり外れはあるものの、買うか買わないかは書き出しの印象で決まる場合が多い。

自分史もできるだけ多くの人に読んでもらうには、書き出しに一工夫が要る。また終わりよければ全てよしとは逆だが、書き出しがうまくできると、気持ちよく書いていける。

これから実際にどう書けば、自分史を読みやすく面白いものにできるのか、いろいろな実例を通して考えていきたい。最初は、やはり「書き出し」の書き方についてである。

過度に凝る必要は無い。前の章で紹介したソニーの創業者井深大の「栃木県上都賀郡日光町字清滝の古河鉱業日光製銅所の社宅で、井深甫の、同さわの長男として、明治41年4月11日に生まれたのが私である」は簡潔で、一つの基本的なパターンといえる。多少異なっても、いつどこで誰の子として生まれたのか、出生にまつわる事実関係から書き出すのは素直な入り方で、一般的といえる。

もちろん、どう書き出すかは自由である。こうでなくてはいけないという決まりはない。自分史は個性の表現そのものなので、人それぞれ自分に合った書き方ができる。

三井財閥の実力者　益田孝のユニークな書き出し

明治、大正期の三井財閥の実力者である益田孝（１８４８－１９３８年）の『自叙益田孝翁伝』（中公文庫）はユニークだ。「家康公がある夜寝物語に、金《きん》がなくては軍《いくさ》は出来ぬ、金がなくては国は治まらぬ、ああ金がほしいと言われた」という文章から始まる。益田孝の出自を知らないと、何の関係があるのかと思うが、いきなり徳川家康の「金がほしい」という言葉が出てきて、いったい何事かと興味がわく。

家康のそばにいた小姓が下がってきて、この話をすると、元武田の家来で武田滅亡後に召し抱えられた猿楽師の大蔵藤十郎が「君公そんなに金がほしいか、わけのないことだ。よし私が得させて上げる」と言った。これを聞いた家康は藤十郎を呼び出して、「そちは金を得させて上げると言うたそうであるが、どうすれば金が得られるのか」と尋ねた。

「それは何でもありません」と藤十郎は答えた。鉱脈探しのために山にたくさん入っている山師に、よい鉱山を探して来たら褒美をたっぷりやると言えば、探してくるという。家康は「それは面白い、費用の金を取らせるから早速やらせろ」と命じた。

その結果、「上杉の持っている佐渡の金山が最もよろしい、その次は但馬の生野です」と報告すると、家康は「早速上杉へ掛け合え」と下知し、佐渡の金山を上杉から召し上げた。

大蔵藤十郎は太鼓打ちだったが、その功により大久保忠隣《ただちか》の分家として由緒ある大久保姓を許された。これにより藤十郎は大久保十兵衛長安となって、初代佐渡奉行として佐渡に赴いた。奉行と組頭は幕府がやり、他は上杉時代からの役人を使い、「地役人」と言った。ここで益田孝とつながる。

「私の家は上州に医者をしておったが、私から五代前に佐渡で地役人になり、私の父まで四代地役人をしておった」と益田はいう。益田家は佐渡の地役人だったので、

「私は〈佐渡の〉相川で生まれた。相川の家はなかなか大きい家で、玄関なぞも立派なものであった」と回想する。

『自叙益田孝翁伝』は、新聞や雑誌を経営して、益田孝の秘書を務めた長井実が、益田の談話を筆記してまとめたものである。このため「長井実編」となっている。長井が書いた「はしがき」と巻末の「記者の思い出」は、『自叙益田孝翁伝』をどのように書いたのか舞台裏を知るうえで参考になる。

中公文庫版の最終ページには、「『自叙益田孝翁伝』昭和十四年（１９３９年）六月刊、著作兼発行　長井実」と記されている。これを見ると自伝なのか伝記なのか迷うが、「私は」と一人称で述べられているので、ここでは便宜的に自伝として扱う。この点については長井も悩み、題名をどのように決めたかを「はしがき」で説明している。

「さて困ったのは、書名をいかにすべきやであった。翁が自叙伝を作る意思をもって語られた談話の筆記であれば『益田孝自伝』とすればよいが、そうではない。また私が翁の談話を資料に使って書いたのであれば『益田孝翁伝』でよいが、すべてが翁の談話そのものなのだから、それではいけない。長い間ずいぶん苦心したが、ある日ふとその上へ『自叙』と説明を加えたらよいと気付いて、ようやく題したのである」

徳川家康から書き出したのは、長井の工夫だろう。そこから益田孝の家系に話を展開する辺りは、なかなかひねりが効いている。「記者の思い出」にこんなくだりがある。「本書の冒頭に書いた家系の章のごときも、日本の金《きん》のことからあんな話になって行ったのである。あれは大正十四年（１９２５年）一月の『衛生』に書いたのであるが、翁は原稿を読んで、私は家康公だけは家康公と言わなければ何だか気が済まぬと言いながら、筆をとって原稿の家康という下へ公の字を入れられた」

益田孝は昭和13年（１９３８年）12月に亡くなっており、その翌年に『自叙益田孝翁伝』は出版されている。全体の約7割は、大正12年（１９２３年）1月から昭和2年（１９２７年）12月まで月刊『衛生』に、長井が益田の談話を連載した『掃雲台より』を収録したものである。

益田孝が驚くべきなのは、満27歳で明治9年（１８７６年）に三井物産の初代社長になっていることだ。同社を世界的商社に育て、三井財閥の中核企業に押し上げた。こうして三井財閥の実力者になると、さらに三井財閥系企業の組織化をはかり、明治42年（１９０９年）、日本初のホールディングカンパニーとなる三井合名会社の設立を主導して、同社顧問に就いた。61歳のときである。大正3年（1914年）、65歳で一線を退き、三井合名相談役の肩書で小田原に設けた邸宅「掃雲台」に隠棲し、鈍翁の号で茶人として晩年を過ごし、昭和13年（1938年）に90歳で他界した。

佐渡の地役人の息子から絵に描いたような立身出世である。明治維新の大変革期の波に乗ったにしろ、益田の才覚がものを言ったのは当然である。

福澤諭吉の女婿で実業家の福澤桃介が著書の『財界人物我観』（図書出版社）でこう評している。「一言にして尽くせば、益田は天才だ。頭の回転の鋭敏なること稲妻のごとく、まったくもって天下一品、絶対に他の追従を許さぬ」。また茶道については、三井家の三井八郎次郎と比べて「気品においてはあるいは劣っているかもしれぬ。けれども、多年実業界で縦横に鬼才を発揮しただけあって、茶道にかけても天下の閃きあり、工夫と茶略にかけては、八郎次郎よりも優れている」。ただし「益田は、鈍翁と号している。鈍九郎という人の作になった茶碗を手に入れて、愛玩しているからだそうな。だが、益田の鈍翁はチト受取れぬ。鈍翁でなくて、おそらく鋭翁の間違いだろう」と、利口すぎる点を皮肉っている。

父親の鷹之助は剣術も算盤も達者で字も上手な人だった。益田が7歳のときに、父親は「箱館奉行支配調役下役」に抜擢された。「佐渡の地役人が幕府直属の役人になるということは非常な立身で、これにはみな驚いた」と、益田は『自叙益田孝翁伝』で述べている。

北海道に渡ると、函館で学校に通いながら英語を習い始めた。江戸に戻ってからも英語の稽古を続け、そのおかげで益田は満13歳で元服して幕府外国方に「通弁御用」で出仕した。利発なところも認められたのだろう。文久3年（1863年）12月、幕府の横浜鎖港談判使節の随員として、15歳でフランスに行く。父親が会計役として随行するので、「好機逸すべからず」と、父の家来という形で加えてもった。

明治維新の江戸開城のときは、まだ19歳で幕府騎兵隊の騎兵頭だった。徳川家が静岡70万石に封ぜられて、お供をするべきか。「しかし私は、卑官であった自分が駿州まで行ってまたご厄介になるのもと思ったから、自分で商売しようと決心した」（『自叙益田孝翁伝』）

見切りをつけるのが早いのも益田の特質なのだろう。幕府瓦解の原因も冷静に分析している。「幕府がどうしてあんなに脆く倒れたのかというに、内が全く駄目になっておったのである。このことを最もよく見抜いておったのは恐らく慶喜公であろう。

幕府には人物がいなかった。たとえあったとしても、家の格式というようなことがやかましいから、働くことが出来ぬ。あれではとても仕様がない。これに反して薩長には人物がおった。（中略）貧乏書生だろうが何だろうが、いやしくも一見識あり、一芸一能を有する者は、構わず飛び出して来て働くのだから、幕府と薩長とでは、働いている人物の決心が違っておった」（同）

益田は大蔵大輔の井上馨に目を掛けられ、井上が下野して先収会社という商社を設けたとき、益田は井上社長の下で副社長になった。これが前身となって三井物産が生まれ、益田は三井財閥のリーダーに駆け上る。弱小領主から天下を取った徳川家康に自分を重ね合わせたのではないだろうが、書き出しに持ってきた「徳川家康」には旧幕臣として特別な思い入れがあったように思う。

長谷川如是閑（明治～昭和の言論人）『ある心の自叙伝』の突飛な書き出し

明治から昭和まで活躍したジャーナリストの長谷川如是閑（1875－1969年）の『ある心の自叙伝』（講談社学術文庫）は突飛な書き出しで、読む側を戸惑わせる。

「序説　胎児時代」という見出しを付けて、こう始まる。「自分の歴史を一人称で書くのが自叙伝だから、誰も物心のついたころから筆を起こすのだが、私は若い頃にふとした心持ちから、自分の生まれる前の母の胎内にあるころの私を、一人称で書いたことがあった」

『ある心の自叙伝』は、昭和23年（１９４８年）に朝日新聞社の『朝日評論』に連載したものを、同社から同25年（１９５０年）に単行本として出版された。長谷川如是閑は昭和23年1月に文化勲章を受章している。同時に受賞したのは、遺伝学の木原均、日本画の安田靫彦、上村松園、彫刻の朝倉文夫である。

同じ言論人では、昭和18年（１９４３年）に徳富蘇峰、三宅雪嶺が先に受章している。言論界の大御所のような趣だが、長谷川如是閑は、江戸の頃とさほど変わらない東京の下町で、明治8年（１８７５年）に生まれた。無粋な権威主義を嫌う江戸っ子気質を持った教養人だった。「世の中の歴史はかなり厳格に私の歴史にさし響いているが、私自身の歴史は、茶碗一杯の水を太平洋にすてたほども世の中の歴史に響いていないので、『自叙伝』が聞いて呆れると思った」と、自らをあざける。

「始めにいったように、私には自叙伝を書く資格はないにしても、生まれる前や赤子時代の私の歴史は、英雄や天才のそれとたいした違いがないだろう」という。社会の歴史に影響を与えるような業績を並べる自叙伝は書けないが、誰にでもある心の歴史をつづる自叙伝ならば書けるというわけである。

胎児時代については「今から三十何年か前、自分たちの雑誌だった『我等』に発表したもの」があるとして、『ある心の自叙伝』に抄録している。その書き出しはこんな風だという。

「私の居処がだんだん狭くなって、育っていく私にはもう堪え切れなくなった。私の身体を円く圧迫している。周囲のぬらぬらした壁は、もう私に不快な邪魔物になった。私は運動を求め出した。それにはもっと広い空間と、多量の空気とが必要だった」

母親の胎内にいる様子を述べているのだが、実際に認識できたわけではなかろう。生まれたときの記憶もないのに、まして胎児で何か覚えていることはあり得ない。如是閑は「私は自分の生まれた頃の時代をふりかえってみるたびに、赤子の私が、かなりはっきりした意識で、その時代はおろか生まれる前の時代をさえ、見ていたかのような錯覚に陥る」という。

「たった今自分の家の窓の下に起こった事件を、それを見ていた幾人かに聞くと、一人々々のいうことがみんな違っていたので、歴史の筆を投じて嘆息した歴史家があったというが、現にいま眼の前に起こったことさえ、心はそのもちぬしを異にするままに、いわゆる『心ごころ』にそれをうけとるのである。現にその眼で見ていることを、心は知らぬ顔ですごしたり、見もしないものを見たかのように思ったりする」。そのように自分の心に映った歴史を書き記したのが、如是閑の『ある心の自叙伝』である。

さて如是閑の心はいかなるものだったのか。生まれたのは木場の材木問屋である。「私が生まれた頃は、江戸時代の俤《おもかげ》がそっくりそのまま残されていて、江戸から東京への移り変わりを、どこ吹く風と知らぬ顔の一区域だった」と回顧する。店は「つき当たりの欄間には神棚があって、その下の帳場格子に囲まれたなかには、主人や大番頭が控えていて、そのそとには中番頭以下、若いものや小僧が前垂れの下に両手を入れて、規定の場所にきちんと畏《かしこま》っている。まるで歌舞伎の舞台面である」

明治の初め、新政府の要職は薩長など討幕に貢献した西国雄藩出身者が占めていた。作家半藤一利は著書『幕末史』（新潮文庫）に「新政府の仕事といっても、『田舎出』と言っては悪いのですが、薩摩や長州や土佐のどちらかといえば下級武士、しかも『左様、しからば、ごもっとも』の政治すらやったことのない連中だらけ、加えてどこまで能力があるのかわからない公家さんたちが、よってたかってがたがたやってもろくな政治ができるわけがありません」と手厳しく書いている。「ともかく策略を練ったり、陰謀を凝らしたり、刀を振り回したりの喧嘩沙汰は得意でも、本当の意味の国づくり、目配りのいい政治に対しては疎い人が多かったのです」。半藤は当時の風刺のきいた狂歌を紹介している。

「上からは明治だなどといふけれど　治まるめい（明）と下からは読む」

半藤は『幕末史』の冒頭で、自分は「反薩長史観」だと断っている。子供の頃、新潟県長岡市の在にある父の生家に毎年夏休みに行って、祖母から耳にタコができるほど聞かされたことがある。「明治新政府だの、勲一等や二等の高位高官だのとエバッテおるやつが、東京サにはいっぺいおるがの、あの薩長なんて連中はそもそもが泥棒そのものなんだて。七万五千石の長岡藩に無理やり喧嘩をしかけおって、五万石を奪い取っていってしもうた。なにが官軍だ。連中のいう尊皇だなんて、泥棒の屁みたいな理屈さネ」。このため半藤も自然に「薩長嫌い」になった。

門閥にとらわれず台頭した尊皇の若い志士たちの血気とエネルギーが、明治維新の原動力になり西欧列強による植民地化の危機を切り抜けたというのが、一般に流布している歴史である。しかし必ずしも上品な人たちではなかったことも事実だ。東京の江戸っ子からみたら、野暮な連中に見えただろう。幕閣に取って代わった偉い人たちをそんな目で見る空気の中で、長谷川如是閑は育った。

「封建町人の子孫である私の血管には、その町人の血が残っている上に、その伝統を引いた日本的近代市民の一面にある遁避主義が加わって、何事も客観する心のもちぬしに、私は育て上げられてしまったのである」と『ある心の自叙伝』に書く。

「遁避《とんぴ》」とは、広辞苑をひくと「俗事を捨てて閑静な地にのがれること。のがれさけること」とある。俗事にまみれている人を斜に構えて見るところが、その日本的近代市民、とりわけインテリ層にあるように思う。「そのような何事も茶化したがる都会人的遁避主義のお蔭で、明治時代になっても、都会の江戸っ子は時代の歴史の当面に立つことを避けて、――というよりは立ち得ないで――ただ横合いから、批判的の白眼で時代を睨《にら》んでいるのにとどまったのである。だから明治時代に幅を利かしていたものは、みな地方出の人々で、いわゆる『田舎もの』ばかりだった」。如是閑は辛辣である。

宵越しのカネは持たないと格好を付け、気っぷがよくて、偉くなろうとあくせくするような人を見れば「野暮だね」と冷やかすというのが、思い浮かぶ江戸っ子のステレオタイプである。それを下地に近代的な教養を身につけて、如是閑は特定のイデオロギーに頼らず物事を客観的に評論するジャーナリストの基盤を固めたのだろう。

如是閑は、明治36年（１９０３年）、数え28歳で新聞「日本」の記者になる。『ある心の自叙伝』はこの「日本」時代までである。その後の大阪朝日新聞を経て、フリーのジャーナリストや若い頃からなりたいと思っていた文明批評家として活躍した話は含まれていない。心の歴史は十分語ったということなのだろう。

福澤武（三菱地所元社長）　平凡な書き出しから非凡な人生を語る

平凡な書き出しから非凡な人生を語る自分史もある。三菱地所の社長、会長を務めた福澤武の『独立自尊を生きて』（慶應義塾大学出版会）である。平成28年（２０１６

年）4月に日本経済新聞に連載した『私の履歴書』をまとめたものだ。

「人生で一番うれしかったことを聞かれたら、迷わず答えられる。五十五年前の四月一日、晴れて社会人として独り立ちできたことである」

これだけ読んだら、そりゃ嬉しいのは分かるけど…何で？　と、普通の人はそう思うだろう。

福澤が書いた続きを読むと、納得できる。

「なんだ、就職が大喜びすることだったのか？『丸の内の大家さん』と呼ばれる三菱地所に入り、安泰と思ったのか？　こう首をかしげる読者の方も多いかもしれない。とんでもない。人並みに働いて生きていけるなんて、この上ない喜びであった。我が人生は通常ルートから外れっぱなしだったからだ」

なぜなら「十一歳から二十三歳までは闘病生活。結核を患い、何度も生死の間をさまよった。（中略）中学校や高校は通えず、卒業もしていない。やっとのことで大学には進学できたが、就職活動のころは二十八歳になっていた」

「社会人として独り立ち」が人生最良の日というのは、大げさではないだろう。脇道にそれるが、住宅建材や住宅機器の大手リクシルの前身であるトーヨーサッシの創業者潮田健次郎も、小学校6年から20歳まで8年間、結核のためサナトリウムで療養した。これまで嬉しかったことは何かと、トーヨーサッシ社長時代の潮田に尋ねたことがある。「回復してきて、サナトリウムの庭を箒で掃除できるようになったとき、非常に嬉しかったですね」というのが答だった。健康な人にとっては何でもないことが、当たり前にできるようになったことが、潮田にとっても無上の喜びだったのだ。

20歳までの8年間の療養生活について、潮田は「つらかった」とは言わない。「毎日、本をよく読み、勉強した時期でした」という趣旨の思い出を語る。当時、普段食べないハムやフランスパン、牛乳などが出され、周りの若い大人の患者からいろいろ教わった。「入院費が高いので親は大変だったと思いますが、私は子供の頃、貧乏で苦労した経験が無いのです」と前向きにとらえていた。上場企業の社長になったから、そういえるのか。いや、順序は逆で、普通なら心が折れてしまいそうな経験をしても、その中に積極的な面を見出すプラス思考が、成功をもたらしたのではないか。

福澤も「通常ルートからはずれっぱなし」の人生にもめげなかった。就職活動を始めたときは28歳になっていた。ほとんどの会社には「年齢制限」や「結核既往症がある者は不可」があって、試験を受けることさえままならない。

『これは困った』と思ったが、不思議と悩まず、焦らなかった。闘病生活は私から青春を奪い、苦しめただけではない。大切なことを教えてくれていた。くよくよしない。まず前を向く気力である」

逆境に耐えてたくましくなる人もあれば、私は不幸だ、社会は冷たいと被害者意識に押し潰される人もいる。福澤は前者だが、母親の影響もあるようだ。母親の口癖を記している。「上流階級の人は『お坊ちゃん、お嬢さん』と育てられていて『なにくそ』っていう気持ちがない。ああいうのは、ダメです。人間、『なにくそ』って気持ちがないと、ダメになります」。福澤は福澤諭吉の曾孫で、祖父福澤捨次郎は諭吉が創業した時事新報の社長で、その御曹司が父の福澤時太郎である。母の英子は福澤を覇気の無い「お坊ちゃん」にしないように厳しく育てたのだろう。

しかし当時の結核は死の病である。小学校の慶應義塾幼稚舎の5年生で病魔に襲われ、自宅療養を続けたが、病状が悪化して16歳で結核療養所に入る。両親は医者から「もう助かりません」と告げられたという。悪いことは重なるもので、父親が勤めていた銀行を辞めて商売を始めたが失敗した。時事新報は戦前、とっくに潰れていて、その影響もあったのか神奈川県葉山の別荘を手放すなど資産を既にすり減らしていた。

「そんなときに、自分の入院が長引いたら、親兄弟に迷惑をかけ続ける。天井の染みを眺めては、『本当にすまない』と繰り返す毎日だった」。気が滅入るばかりだったが、先輩患者から受けた言葉によって精気を取り戻す。

「親に迷惑をかけているなんて気に病むな。まずは病気を治すことだけ考えろ。エゴイストになれ」

「この一言で気分が楽になったし、結核と闘うファイトが胸にふつふつと沸いてきた。青春を謳歌する旧友たちをうらやむことがあっても、割り切った。『自分は自分、人は人』である」。絶対安静の状態だったが、胸底にあった「なにくそ」が刺激されて目を覚ましたのかもしれない。だが枕頭に来て「エゴイストになれ」と諭してくれた先輩患者は後に亡くなっている。気の持ちようだけでは、どうにもならないのが、病魔の残酷なところだ。福澤は当時、まだ十分に行きわたらなかった特効薬の「ストレプトマイシン」を幸運にも投与されて、九死に一生を得る。

しかし社会に戻ったものの、「慶應幼稚舎時代の同級生は社会人二年目、一方、私は病み上がりなうえ、学歴は小卒である。どうしたら食べていけるのか。考え抜いて出した答えが大学進学だった」。大学を出て、勤め人になるという普通の選択だった。

大学入学資格検定を突破して、昭和32年（1957年）24歳で曾祖父福澤諭吉が創立した慶應義塾大学の法学部政治学科に入学。家計は火の車なので、奨学金と家庭教師のアルバイトでしのいだ。福澤諭吉の曾孫で三菱地所のトップと聞けば、さぞ恵まれた育ちなのだろうと思うが、意外な苦労があったわけだ。

就職試験は「年齢制限」などの無い会社でないと受けられない。「聞いてみたら」と教えてくれる人がいたので、三菱地所を訪ねた。「地所に関する知識はゼロ。不動産業への関心も興味もなかったが、入れてくれるのなら、どこにでも行く」。最近の「どこでもいい」とは違って、食うための切実な「どこにでも行く」である。三菱地所は、初の公募採用だったこともあって制限がなく、幸いだった。試験は、中田乙一総務部長による面接で、『経歴が変わっているね』と盛り上がった。志望動機もきっちり説明した」と、福澤は手応えがあったという。結果は合格。実は中田は迷ったそうだ。「彼は闘病生活に打ち勝ち、自分で勉強して大学を出た。こういう奴もいていいかな、と思って決めた」という中田の後の内訳話を福澤は書いている。

中田は昭和44年（1969年）に社長になった人物で、「丸の内の大家さん」の枠に収まらない積極的な経営をした。会長時代の中田に取材して日経ビジネス1983

年11月21日号の「有訓無訓」欄の談話をまとめたことがある。その中で「私は社長時代、新入社員に『自己主張をしなさい』とよく言ったものだ。聞きわけのいい子ばかり増えたら、危険だと思うからだ」と述べている。一方、「子供の頃は体も弱く、薬を手放せない状態だった。小樽高商でラグビーをやってから、ようやく健康になり頑張りもきくようになった。しかし会社に入ってからも、40歳くらいまではつらかった。肉体的にも、精神的にも苦労した」という。周回遅れで入社を希望する福澤の思いと交わるものがあったのではないか。

28歳の新入社員の福澤は文字通り遅咲きだった。だが入社した昭和36年（１９６１年）は、前年に池田勇人が首相に就き「所得倍増計画」を打ち出したばかりで、大相撲は大鵬、柏戸の柏鵬時代が始まり、街には植木等の「スーダラ節」が流れていた。いい時代に社会に出て、運が向いてきたといえる。37歳で結婚、米国留学、42歳でニューヨークの首席駐在員。バブルが膨張する中、営業部長、取締役、常務と出世した。しかし平成4年（１９９２年）に代表取締役専務になったときには、バブルは弾けていた。そして平成6年（１９９４年）、61歳で社長になる。

「新社長として、やるべきことは明白だった。三菱地所が買収していた米ロックフェラー・グループの再建である」と、『独立自尊を生きて』第1部の『私の履歴書』に書いている。つまりニューヨーク市マンハッタンのど真ん中にあるロックフェラーセンターの高層ビル群を買収したのが裏目に出て、賃料の下落により資金繰りが苦しくなった。これをどう処理したのか。福澤の記述は、こうした危機に際して経営者はどう決断すべきかを余すところなく伝える。ロックフェラー家の当主の反対を押し切り、破産法11条の適用を申請して抜本的再建に踏み切った。これに伴い特別損失を出し、96年3月期決算で1200億円の最終赤字を計上した。株式上場以来初の赤字である。追い打ちをかけたのが総会屋事件である。97年10月には総会屋への利益供与が発覚し、堅実な三菱地所の企業イメージが傷ついた。これを機に人事を大幅に刷新するなど社内改革を実行した。

社史に残るような危機を乗り越えることが出来たのは、「十三年間の闘病生活」で備わった胆力のおかげである。若くして生死の境に追い込まれて、腹がすわった。そんな福澤が、会社が存亡の機に立たされたときに社長になった。不思議な巡り合わせである。こう福澤の人生をたどると、人生で一番うれしかったことは「晴れて社会人として独り立ちできたこと」という、一見ありふれた書き出しの背景にある、ずしりと重い意味が分かる。

中川一政（洋画家）　素っ気ない書き出しで始まる『腹の虫』

また、素っ気ない書き出しが、筆者の奔放な生き方を表す例もある。洋画家中川一政（１８９３－１９９１年）の『腹の虫』（日本経済新聞社）である。日本経済新聞に昭和50年（１９７５年）の5月27日から6月27日まで連載した『私の履歴書』を加筆してまとめたものである。その年、文化勲章を受章している。他に洋画で小山敬三と田崎広助、薬理学の江橋節郎、数学の広中平祐がいた。

中川一政の書き出しは、次の通りだ。


「私は数奇な運命を辿ったわけではない。履歴書を書けと言われたら簡単である。

明治二十六年（一八九三年）二月二十四日、東京本郷区に生まる。

明治四十年、本郷区西片町、誠之尋常小学校を卒業。

明治四十五年、神田区錦城中学校を卒業。

大正三年、巽画会に油絵『酒倉』を出品す。翌年『霜のとける道』等三点を出品して二等銀牌を受く。

大正四年、岸田劉生草土社を結成するに及んで同人となる。

（中略）

昭和四十九年、パリに於て個人展覧会をする。一ヶ月滞在す。

これに賞罰なしと書き加えれば、私の履歴書になる」

まさに履歴を箇条書きにしただけで、何の工夫も無いように見えるが、逆に型破りといえる。自分史をこんな調子で書き出す人はまずいないだろう。自分史はこう書かなければいけないという決まりは無いことを示す見本のようだ。ただし、その書き出しに見合う内容の文章が伴わなければ、単に奇をてらっただけになってしまう。洋画家中川一政は書き出しが示す通り型にははまらない人だった。

父親は石川県金沢市の出身で、東京に出て巡査になった。家は貧しかったが、中川は中学時代から短歌を詠み、歌人若山牧水が主宰する雑誌に投稿していた。しかし19歳で中学を卒業したとき、文芸で身を立てる自信はなかった。父親の手づるで、逓信官吏養成所に入った。「私は雇で日給である。振替用紙の誤りを正す仕事である。山のようにつんであるから、毎日毎日それを繰り返すのである。月末になって班長から給料をもらった。生まれてはじめて給料をもらった」

中川は廊下に出て窓辺にたたずむ。「私は給料袋をもった瞬間泣きそうになった。私はその窓の処で涙をぬぐった。こんな事で一生を終えるのか。いかにも口惜しい事である」。間もなく辞めた。『腹の虫』の序に「この本で私が月給をもらって泣きそうになったと書いたところがある。あれは私が泣いたのではない。腹の虫が泣いたのである」と書いている。書名の『腹の虫』は、「人間の体内にいるとされて、身体や感情などにさまざまの影響を与えると考えられたもの」（『精選版　日本国語大辞典』）で、潜在意識下の本能的な情動といえる。

逓信官吏養成所を辞めて、知人の誘いで兵庫県芦屋の斎田家に約1年半滞在する。たまたま欧州航路の外航船に乗っている司厨長から、土産に絵具をもらって油絵を描き始めた。大正3年（1914年）、21歳の画家スタートである。「その年巽画会に洋画部が出来、岸田劉生、高村光太郎、藤島武二などが審査するということであった。（中略）酒倉は四号の小品であるが岸田劉生の目にとまって入選した」。「翌年もう少し大きな画を三枚出して椿貞雄と二人で二等賞になった。一等賞はなかった」。「酒倉」は初めて描いた油絵である。それがいきなりプロの画家に認められた。中川はアカデミックな絵の教育を受けていない。

洋画はまだ学ぶ時代だった。「画かきになるには資本がかかるのである。第一に美術学校にゆかねばならない。第二に洋行しなければならない。それでなければ世間が画かきと認めない。仲間も認めない」と、中川は考えていた。「もし十年早く生まれたら私は画かきになれなかったろう。(中略)丁度よい時にゴッホとセザンヌを知ったのである。学校にゆかなくてもわれわれのように描いてゆけばよいと言うことを教えてくれたのである」

中川一政の作品は、神奈川県真鶴町の町立中川一政美術館と石川県白山市の松任中川一政記念美術館で鑑賞できる。筆者には作品を評論できる素養は無い。ただし、おかしな言い方で恐縮だが、中川の絵を見て、上手に描こうとしていない点に感心した。中川は「ヴァン・ゴッホは勿論、天才であり、大画家であるけれども素人画家である。研究所や美術学校で勉強したのではない。自然をたよって身辺の写生からはじめた。素人の道をゴッホ、セザンヌが開拓した」と受け止める。アマチュア画家の絵に物足りなさを感じるのは、うまく描こう、きれいに描こうという意図が見えるからである。それが悪いとは言わないが、何か物足りない。

中川の「我々が画をかくのは物を見て感動するからだ。感動がなければ画をかかない」という言葉は、画家のモチベーションを素直に表していると思う。「感動とは腹の虫がうごくのである」という心の奥底からわきあがるものを二次元のキャンバスにうつす。そのために技術が要る。

「何かの役に立とうと思ったらもう純粋ではなくなる」と考える。昭和38年（１９６３年）、日本現代油絵美術展を北京でするとき、団長として訪中した。周恩来の招宴でのこと。「中川団長も人民の為に役立とうと思って画をかいておられるのでしょうね」と、周恩来に話しかけられた。とっさに出た中川の答は「そんな事を考えていません」で、周恩来は変な表情になり、座がしらけたそうだ。

空気を読まない。忖度しない。中川一政は、腹の虫の命じるままに生きた。芸術家はそのような生き方が可能かもしれない。一般の人は異なる。組織の中で働いてきた人の場合は、実際にはなかなか難しい。しかし自分史は、詰まるところ自分のために書くものだ。自分はこれだという書き出しを自由に工夫してみてはどうだろう。

2　エピソードによって語る

本文を書き進めるのに当たって、記述があまり抽象的にならないように注意したい。自分史は「私」という一人称で語る、いわばノンフィクション、ドキュメンタリーである。やはり臨場感のある筆致が求められる。それには具体的なエピソードで語るのが手っ取り早く、また最もよい方法である。

福澤諭吉『福翁自伝』の面白さ

その好例を探すと、福澤諭吉の『福翁自伝』がまず挙げられる。近代日本の自伝の中で、最も優れており、かつ最も面白いと言っても、多くの人は同意すると思う。前述の福澤武の『独立自尊を生きて』第1部に、曾祖父福澤諭吉ついてこんなくだりがある。

「療養中、感銘をうけたのが曾祖父が残したベストセラーだった。その論考は深く、題材は幅広い。近代日本を代表する啓蒙思想家らしく、日本が進むべき道を示していた。ところが、彼の自伝を読んでみると、偉ぶらず、ちゃめっ気たっぷり、初めて曾祖父を身近に感じた」

三菱地所の会長だった福澤から、同じ趣旨の話を直接聞いたことがある。「諭吉は決して堅苦しい人ではなかったんだね。『福翁自伝』を読むと、ときにはいたずらもするユーモアのある人だったようだ」。こう語る福澤も体裁ぶる人ではなかった。ある日、地所の貸しビルの地下街にあるサラリーマンでも気軽に入れる鰻屋で、1人でランチを摂っているのを見かけた。また地所の本社近くにある地下鉄駅のプラットフォームをやはり独りで歩いてくる福澤と出会った。黒塗りの車しか使えないお偉いさんとは違うのだなと、感心した覚えがある。

1万円札の肖像になった福澤諭吉の何が偉かったのかは、専門書がいろいろあるのでそちらに任せたい。ただ一点に絞れば、福澤の「一身独立して一家独立し、一家独立して一国独立し、一国独立して天下も独立すべし」（『中津留別之書』）という言葉に集約される。封建時代に自立した近代人の精神を自ら育み、先覚者として明治時代をリードしたのは奇跡的なことだと思う。

なぜ福澤は時代を超えた人物たりえたのかを知るのに、『福翁自伝』は格好の書といえる。だから今も面白い読み物として違和感なく読めるのは、当然なのかもしれない。

江戸時代の身分制度に対する諭吉の怒りは「門閥制度は親の敵《かたき》でござる」という『新版 福翁自伝』（昆野和七校訂、角川文庫）の言葉で尽くされている。諭吉は天保5年（1834年）12月12日に生まれた。父は豊前中津奥平藩の福澤百助《ひゃくすけ》で、身分は「足軽よりは数等よろしいけれども士族中の下級」。5人目で末っ子の諭吉について、父親は「十か十一になれば寺にやって坊主にする」と母親に語っていた。

父親の百助は天保7年に死去したので、諭吉の出家話は無くなり、百助の真意も分からなくなった。なぜ父親がそう考えたのか、諭吉は門閥制度が背景にあると推測した。中津藩は「家老の家に生まれた者は家老になり、足軽の家に生まれた者は足軽になり、先祖代々、家老は家老、足軽は足軽、その間にはさまっている者も同様、何年たってもちょいとも変化というものがない」。我が息子は武士では名を成すことは不可能だが、僧職がある。「なんでもない魚屋のむすこが大僧正になったというような者が幾人もある話、それゆえに父が私を坊主にするといったのは、その意味であろうと推察したことは間違いなかろう」

「父の生涯、四十五年のその間、封建制度に束縛せられて何事もできず、むなしく不平をのんで世を去りたるこそ遺憾なれ」。息子を僧職に就かせて名をなさしめようとまで決心した心中の苦しさを思い出すと、「亡父の心事を察してひとり泣くことがあります。私のために門閥制度は親の敵でござる」となるのである。父百助が亡くなった天保7年は「天保の飢饉」が起き、翌年には大塩平八郎の乱があり、幕藩体制は揺らぎだしていた。しかしペリー率いる米国艦隊が浦賀に来航するのは17年後で、身分制度はまだ厳然として存在していた。

福澤諭吉が封建的な古い意識から自由だったことを示すエピソードが『新版 福翁自伝』（以下同）に記されている。「私が十二、三歳の頃と思う。兄が何か反故をそろえているところを、私がドタバタ踏んで通ったところが兄が大喝一声、コリャ待てとひどくしかりつけて、『お前は眼が見えぬか、これを見なさい、何と書いてある、奥平大膳太夫《おくだいらだいぜんのたゆう》と御名があるではないか』」。殿様の名前が書いてある紙を踏んづけたのだ。「(兄は) たいそうなけんまくだから、『アアそうでございましたか。私は知らなんだ』というと、『知らんといっても眼があれば見えるはずじゃ、御名を足で踏むとはどういう心得である、臣子の道は』と、何かむずかしいことを並べて厳しくしかる」。謝らないと収まらないとみた諭吉は「『私がまことに悪うございましたから堪忍してください』と御辞儀をして謝った」。だが「心の中では謝りも何もせぬ。『なんのことだろう、殿様の頭でも踏みはしなかろう、名の書いてある紙を踏んだからッてかまうことはなさそうなものだ』とはなはだ不平」である。

そこで子供心に思案した。「殿様の名の書いてある反故を踏んで悪いといえば、神様の名のあるお札を踏んだらどうだろう」。早速、「お札を踏んでみたところがなんともない。（中略）『コリャおもしろい。こんどはこれを洗手場《ちょうずば》に持って行ってやろう』と便所で試みた。「少しこわかったが、あとでなんともない。『ソリャ見たことか、兄さんが余計な、あんな事をいわんでもいいのじゃ』」

このように経験したことを具体的に書けば少年時代から諭吉には、近代人にも通じる合理主義が備わっていたことが容易に理解できる。一方、紙に書かれた殿様の名を大事にする兄は、忠義を行動原理とする当時としては、当たり前の道徳観の持ち主だったといえる。この兄との対比で、諭吉のユニークな点が一層際立つ。

嘉永6年（1853年）、ペリーが浦賀に来航、ロシアのプチャーチンが長崎来航と、幕末の動乱が始まり、安政元年（1854年）、19歳のときに蘭学を志す。長崎、江戸に出て、安政2年、大阪に行き緒方洪庵の適塾の塾生になる。その後、藩命により江戸に戻り、鉄砲洲の中津藩中屋敷の長屋に住む。

「私の心では眼中藩なし」で、「藩の御用で江戸に呼ばれて藩中の子弟を教うるということをしていながらも、藩の政庁に対してはまことに淡泊」。藩での立身出世を全く考えていないので、「ただ屋敷の長屋を借りて安気に住居するばかり」。ある日、上屋敷に呼び出されて、奥平家のご紋のついた縮緬の羽織を拝領した。ただ「ありがとうございます」といって拝領し、屋敷内の勤番長屋に亡兄の友人を訪ねた。そこに呉服屋が来ていて、羽織を作る相談をしている。諭吉は「羽織によい縮緬の売り物があるが買いなさらんか」と、拝領したばかりの羽織を見せた。話はすぐにまとまり、友人に1両3分で売った。「拝領の御紋服というものはその拝領した年月を系図にまでしたためて家の名誉にするというくらいのものなれども、私はその御紋服の羽織を着ても着なくてもなんともない。それよりか金のほうがいい。一両三分あれば昨日見たあの原書も買われる、原書を買わなければ酒を飲むというような、しごく無邪気なことであった」という。諭吉の「眼中藩なし」がよくわかる。

幕府の権威にも猛烈に反発する。「ささいなことのようだが、当時最もしゃくにさわるのは旅行の道中で、幕人のいばり方というものはとてもいまどきの人に想像できまい」。年譜を見ると、『福翁自伝』が脱稿したのは明治31年（1898年）である。「私など譜代大名の家来だからまるで人種違いのうじむし同様、幕府の役人はもちろん、およそ葵の紋のついている御三家といい、それから徳川親藩の越前家というような大名かまたはその家来が道中をしているところとぶっつかろうならソリャたまらない」。寒風が吹く中で川を渡ろうと1時間も船を待っている。やっと船が来て、やれやれと乗ろうとしたその時、葵の紋の侍が来て先に乗る。また寒さに耐えて1時間またねばならない。こんなことは当たり前だった。「道中の一事でも血気の熱心はおのずから禁ずることができず、前後左右に深い考えもなく、ただかんしゃくのあまりに、こんな悪政府は世界じゅうにあるまいと腹の底から観念していた」。諭吉が「ささいなこと」と断っているが、身近なささいなことだけに、逆に実感がこもっており、諭吉の怒りにそうだろうなと共感を覚える。

明治になっても、人の意識はすぐには変わらないということをエピソードで記している。例えば、福澤が子供を連れて江の島、鎌倉に遊びに行ったとき、馬に乗ってやって来た百姓が諭吉たちを見て馬から飛び降りた。福澤が「これ、貴様はなんだ」

ととがめた。百姓は怒られたものと思って、しきりにわびる。「そうじゃない。この馬は貴様の馬だろう（中略）ばかなことをするな、乗っていけ」と言っても、なかなか乗ろうとしない。「乗らなきゃぶんなぐるぞ、早く乗って行け。貴様はそういうやつだからいけない。今政府の法律では百姓町人乗馬かってしだい、だれが馬に乗ってだれに会うてもかまわぬ、早く乗って行け」。福澤の言い方も乱暴に思えるが、根強く残る旧弊に接して、腹がたったのではないか。「古来の習慣は恐ろしいものだ。この百姓らが教育のないばかりで物がわからずに法律のあることも知らない。下々の人民がこんなではしかたがないと余計なことを案じたことである」と心の中で思った。

さらに大阪、三田などを周遊したとき、いたずらをした。春のいい時候だったので乗っていた籠を先にやり、歩くことにした。パッチをはいて羽織かなにか着て、こうもり傘を持っていた。独りで話し相手もなくおもしろくない。向こうから来る人に声をかけることにして、まず百姓風の男に道を聞いた。「そのとき私のそぶりがなにか横風で、むかしの士族の正体が現れて言葉も荒かったとみえる。するとその百姓がまことにていねいに道を教えてくれてお辞儀をして行く。こりゃおもしろい」

次に来るやつには怒鳴りつけた。「コリャ待て、向うに見える村はなんと申す村だ、シテ村の家数はおよそ何軒ある…」などと、士族まる出しの口調で尋ねた。相手は「道のはたに小さくなって恐れながらお答え申し上げますという様子だ。こっちはますますおもしろくなって、こんどは逆にやってみよう」

「また向うから来るやつに向って『モシモシはばかりながらちょっとものをお尋ね申します』というような口調」で、大阪の町人風を装って尋ねた。すると「やつは私を大阪の町人が掛取りにでも行くものと思うたか、なかなか横風でろくに会釈もせずにさっさと別れて行く」。それからやって来る相手に、下手に出たり横風に出たり、一人ずつ変えてみたところ、およそ三里ばかりの間、思う通りの反応だった。「私の心中ははなはだおもしろくない」と福澤は思った。

それぞれ自分の本性に従って対応するのならいいが、こちらの態度を見て自分の身を縮めたり大きく出たりするのでは、どうしょうもない。「推して知るべし地方小役人などのいばるのも無理はない。世間に圧政政府という説があるが、これは政府の圧政ではない人民のほうから圧政を招くのだ」。いたずらではあるが自ら実験をして、「さき次第で驕傲になったり、柔和になったりまるでゴム人形を見るようだ、いかにもたのしくないと大いに落胆した」と当時の思いを述べている。しかし世の中は変われば変わるもので、この節「そのゴム人形もりっぱな国民」になったと認め、「福澤が蝙蝠傘一本でいかに士族の仮色《こわいろ》を使うても、これに恐るる者は全国ひとりもあるまい。これぞ文明開化の賜でしょう」

『福翁自伝』は面白いエピソードがたくさん書かれており、それが福澤諭吉の人間性はもちろん、時代を飛び越えた人物の考え方、価値観をわかりやすく表している。自分史は哲学書ではない。人それぞれの各論である。抽象的な話よりもなるべく具体的な話の方が理解しやすい。その意味で『福翁自伝』は第一級の自伝の一つといえる。

宮崎輝（旭化成元社長）サラリーマンエピソード

話題を変えてサラリーマンには、身につまされるエピソードに触れてみよう。現在の旭化成の基盤を築いた宮崎輝（１９０９－１９９２年）というワンマン経営者がいた。昭和36年（１９６１年）に社長に就任して、平成４年（１９９２年）に代表取締役会長のまま享年82で亡くなるまで31年間、今で言えば最高経営責任者（ＣＥＯ）だった。昭和９年（１９３４年）に東京帝大法学部を卒業して日本窒素肥料（現チッソ）に就職し、子会社の旭ベンベルグ絹糸（現旭化成）に配属された。

宮崎が日本経済新聞に昭和58年（1983年）12月に連載した『私の履歴書』に、若いころのこんなエピソードを書いている。就職して2年ほどで結婚したが、新婚でも帰宅は遅かった。上司の堀常務がお客を接待する宴会の雑用をしなければならなかったからだ。

「仲居頭と事前に席順や料理、芸者の人選などを相談し、宴会が始まると、初めは末席で酒の飲めない堀さんのかわりに返杯を受ける。そしてころ合いを見て、玄関近くの狭い部屋に引き下がる。芸者が同情して時々お酒を持ってきたが、宴会が終わるまでは仕事が残っているから、それ以上飲むわけにはいかない。料理屋のおかみも時折顔を出しては『宮崎さん、お酒を飲んだらあきまへんで』と注意してくれた。そのうち、『お客さん、お帰りーい』という声がかかる。私は急いで玄関に行き、靴をそろえたり、車を誘導して全員を送り出す。車の手配を間違えないように、随分気を使った」

後の大社長も若手のころは雑用に追われることがあったわけだ。今はこういう〝仕事〟は減ったと思うが、くだらないと思って疎かにすると「あいつは使えない」という評価をくだされる場合がある。

宮崎は続けて「そういえば。こんなことがあった」と書いている。「宴会が終わっても手配したはずの車が来ていない。私はおかみを呼んで料亭側の手落ちを責めた。ところが、翌朝出社すると課長から『お前はクビだ』とどなられた」という。

「なんで怒られているのかわからなかったが、どうも前夜しかったおかみが、社長の〝いい人〟だったので、課長が気をきかせ『おかみにあやまってこい』と言っているようだった。しかし、私は自分に非がないと思っていたから『あやまる必要はない』と突っぱねた。この話が常務の堀さんの耳に入り、事情を聞かれたので同じ説明をした。黙って聞いていた堀さんは『僕が社長に話をしてあげよう』と言われた。あとで聞いた話では、社長も『おかみの方が悪い、宮崎がしかるのは当然だ』と言って、笑っていたそうである」

これはサラリーマンものの喜劇映画に出てくるようなエピソードだが、2つの点で面白い。一つは企業などの組織には、上の偉い人にへつらう者が程度の差はあれ必ずいるということ。上に絶えず気遣ういわゆるヒラメ族が多くなると、組織の活力が衰えることはご存知の通りだ。

もう一つは、料亭のおかみにあやまって来いという筋の通らない指示を突っぱねたところに、宮崎の剛直な一面が現れている点だ。たわいもない話と言えなくもないが、エピソードで語れば、抽象的に述べるより何倍も雄弁である。

旭ベンベルグ絹糸は戦後、昭和21年（１９４６年）４月に「旭化成工業」に社名を変更して再出発した。宮崎は「22年３月には38歳で取締役に選ばれ、２カ月後には常務に昇進した」。旧経営陣が公職追放令によって会社を去り、若い経営陣に再建が任された。最初の試練が新たに結成された労働組合の激しい攻勢だった。当時の多くの企業と同様、極左的な労組によって生産拠点だった宮崎県の延岡工場で大争議が起きた。これに対決して一歩も引かずに過激な労組を抑え込んだのは宮崎である。

「社長から全権を委任されていた私は、終始、強い姿勢を貫いた。組合の極左体質を根本から改めないかぎり、何度でも同じことが繰り返され、やがては倒産に追い込まれると考えていたからだ」（『私の履歴書』）

宮崎は昭和36年（１９６１年）７月に52歳で社長に就任した。レーヨン、ベンベルグ（キュプラ）の化繊事業が中心だった旭化成を、合繊から石油化学、住宅、医薬などの多様な事業を抱える企業に発展させた立役者は、宮崎輝にほかならない。旺盛な事業欲とねちっこさは抜きんでていた。

新規事業に何でも食いつくという意味を込めて「ダボハゼ経営」と揶揄された。しかし宮崎は『私の履歴書』で反論している。「それはまったくの誤解で、事業を知らない人たちがおもしろがって呼んでいるに過ぎない。確かに旭化成は、私自身も覚えきれないほど多種多様な製品をつくっている。（中略）表面的に見れば、なぜ繊維屋がハンバーグや抗ガン剤、人工腎臓など異質の製品をつくっているのか、不思議に思えるかもしれない。しかし、これらは住宅・建材を除けば、すべてが一本の線でつながっている。決して落下傘で飛び降りるみたいに、突飛なことをやっているわけではない」

従って「いもづる式多角化」とも呼ばれた。宮崎は剛腕だが、半面、物事を論理的に緻密に詰めるタイプだった。秘書役として接待の面倒な世話も抜かりなく務められる。宮崎はワンマン経営者といったが、実際に独りでなんでもやるまめな人物だった。

筆者が新聞社に入り第一次石油ショック後に繊維産業を担当したとき、宮崎は既に合織業界の重鎮だった。業界団体の日本化学繊維協会の理事長が雑談しているときに「企業の経営者は大変だなと思いました」と感心していた。その理事長は確か通産省出身の人だった。「宮崎さんが化繊協会の会長をしていたとき、定例の記者会見で勘違いしたことを話したことがあったんです。記者会見が終わってから、それに気付いた宮崎会長は自分で各社の記者に電話をかけまくって訂正していましたよ」。経営者がみなそうするわけではない。普通の経営者なら、たぶん化繊協会のスタッフに言づけて訂正させるだろう。

筆者も似たような経験がある。当時、宮崎社長の取材を旭化成に申し込むと、総務部の広報担当者が応接間に案内して、そこで「よろしく」と言って、回れ右をして戻って行く。取材は1対1で、何を尋ねても自分で答える。スタッフを脇に置いて、確認する必要がない。まさにワンマンなのである。

さらにあるとき取材を終えて記者クラブに戻って一服していると、電話がなった。受話器を取ると、「宮崎ですが」という。「さっきあなたに、ああ言ったけど、もう少し丁寧に言うとこういうことなので、誤解のないようにお願いしますよ」と、念押しの電話だった。話の内容は忘れたが、さっき取材に来た若い記者は理解できたのかと気になったのだろう。あの大社長がダイレクトコールかと、半ば驚き半ば感心した。

脱線するが、普通、経営者の方が電話してくる場合は、最初に「○○の秘書ですが、森さんですか」と確認してから、「では○○と代わります」と告げて、本人が出る。多忙なトップならわかるが、たまに管理職クラスで秘書役の人に電話させる人がいた。

慶應義塾長だった小泉信三に「電話」という随筆がある。その中に「ベルが鳴るので受話器を取り上げて見ると、向うには秘書か交換手が出ていて、『……さんですか、少少お待ち下さい』といって引込み、こちらを待たせて置いて徐《おもむ》ろに本人の出て来ることが屢々ある。これは非常識である。自分の方から人を呼び出して置きながら、呼び出した本人は悠々とあとから顔を出すとは、どのような礼儀からも許されない」という一節がある。今は携帯電話が普及しているので、こうしたやり取りはだいぶ減ったと思う。

話を戻すと、エピソードは読んだ人にいろいろなことを想像させ、記憶に残る場合も多い。ことの大小にかかわらず、エピソードを上手に生かして、自分史を印象的なものにする工夫をしてはいかがだろうか。

3 ヤマ場を設ける

東洋紡で社長、会長を歴任して関西経済連合会会長も務めた宇野收（１９１７－２０００年）は、「人生は『節』があるからいい。『節』が無くなったら、悩むことも反省もしなくなる」という話をしていた。宇野の言う「節」とは、人生における壁や曲がり角、あるいはスランプを意味していた。

様々な局面で直面する「節」を乗り越えて成長するのが人生だと考えていた。竹は節があるから真っすぐ強くしなやかに伸びることができる。人も公私にわたりいろいろな問題に突き当たり、それをどう克服するか、その経験から何を学ぶかで、その後の行路が決まる。しかしある年齢になって功成り名を遂げると「節」がなくなり、退化が始まる。宇野はそんな人生観を持っていた。宇野は戦時中、短期現役海軍主計科士官で軍務に就いていた。戦後、曲折を経て呉羽紡績で部長職になったら東洋紡績（現東洋紡）に買収されて副部長に降格された。それでも昭和53年（１９７８年）に被買収会社出身で社長になったというので、当時、話題になった。「節」は多々あったといえる。

ことほどさように誰にでも、人生にはいろいろなことが起きる。困ったこと、嬉しかったこと、悲しかったこと。楽しかったこと、あるいは転機になったことなど。それらをヤマ場として書き込むと、自分史がメリハリのきいたものになる。

江頭邦雄（味の素元社長）の総会屋事件と長老の排除

例えば、平成9年（1997年）から同17年（2005年）まで8年間、味の素の社長を務めた江頭邦雄（1937－2008年）の『Y君へ　私の履歴書』（日経事業出版センター）を見ていこう。これは2006年11月に、日本経済新聞に連載した『私の履歴書』をまとめたものである。

最大のヤマ場はやはり、味の素が危機に陥った総会屋事件をどのように乗り切り、闊達な議論の妨げになっていた創業家の鈴木三郎助らの長老支配からどう脱却したかというところである。味の素は食品業界を代表する名門企業で、それまで優等生的な企業イメージだった。ところが平成9年（1997年）3月、総会屋への利益供与による商法違反容疑で総務部長と総務課長が逮捕されるという事件が起きて、誰でも知るブランド企業だけに社会を驚かせた。

江頭は当時、専務だった。「事件の全容を解明し、再発防止策を打ち出す調査委員会が設けられ、私は稲森（俊介社長）さんに指名されて委員長になった。10年間取締役の地位にあったとはいえ、私はもっぱら営業部門や事業部門を担当し、事件とは一番遠い立場にいた。事実、私は容疑内容についてまったく知らなかった。総会屋対策をめぐって何か危ない橋を渡るようなことがあるのかもしれないと薄々思うことはないでもなかったが、具体的なことはまったく知らされていなかった」

江頭の調査委員会は「知っているのに知らない振り、見ているのに見ない振り、そうした社内の空気や会社の体質が事件を引き起こした最大の要因」と結論付けた。

「報告書を見せると稲森さんは深くうなずいた。そこに会社の一番の問題があることは稲森さんは以前から気づいており、社長として改革を進めようと考えていた」。示唆的な書き方だが、『Y君へ』の取締役になったときのくだりで、味の素が抱えていた歪んだ経営体質であるいわゆる長老支配の問題をはっきり書いている。

「取締役会は私にとって驚きだった。社長以下、末席の私まで27人の取締役がいたが、退任して顧問、相談役になった長老たちが何人も出席していた。長老が何か言うと全員そろって『は、はー』。長老が声を荒らげようなら震え上がるありさまだった」。江頭は取締役に就任したときに買ったノートの最初のページに「この会社の意思決定の仕組みはおかしい」と書いた。江頭は筆者にその異様な光景をこう語っていた。「取締役会では、会長、社長の前に長老たちがずらりと並んで座るんですよ。会長、社長以下の取締役は自然に、長老たちに向かって報告する形で議事を進めるおかしな形になります」。総会屋事件が起きたとき、創業家を代表する鈴木三郎助取締役名誉会長のほかに歴代社長3人の相談役が取締役会に出席していた。

稲森社長は就任2年で責任を取って辞任する腹を固め、自分の後任も含めて今後の体制について鈴木三郎助とぎりぎりの話し合いをしていたはずだが、その経緯について『Y君へ』は触れていない。やや唐突に「ただ連日マスコミに責められ、頭を下げ続けて、稲森さんは弱気になっていたのだと思う。『この際、あの人たちに任そうかと…』と、思いがけないことを口にした。『あの人たち』つまり長老たちの意中の人物に託そうというのだ」

ここが一つのヤマ場だ。江頭は「そんなことしたら死んでも死にきれないではないですか。まともな会社にするのが最後の務め。それができたら私も一緒に辞めます」

と説得した。「稲森さんの顔は見ているのもつらくなるほどくるしそうだった。『そうだな。死にきれないよなあ』。それだけ言うと口を固く閉ざしてしまった」

その翌日、稲森から「あとは君がやってくれ」と、後任の社長をやれと言われた。即答できず、1週間後、「『引き受ける以上、総会屋は完全に切ります。長老にも引いていただきます。それでいいですか』と言った。稲森さんは『結構だ。思い切ってやってくれ』と言った。（中略）直ちに取締役会を開いて私の次期社長就任を内定し、発表した。事件から1カ月たった4月中旬のことだった」

早速、総会屋との絶縁宣言を出し、脅迫や嫌がらせが自宅にまで殺到した。夫婦の墓を建て、一歩も引かぬ決意を見せて乗り切った。「総会屋という外の敵との戦いは済んだ。しかし、長老という名の内なる壁が待っていた。私はこちらの方がはるかに手ごわいことがこれまでの経験から身にしみて分かっていた」

株主総会の前、鈴木三郎助は『日経ビジネス』１９９７年6月2日号の「敗軍将、兵を語る」欄で、「長老支配批判は的外れ　社風変える必要はない」というタイトルで批判に反論している。「私は会社の経営の羅針盤の役割を果たしていたのです。長く生きていますから、世の中のこともいろいろ知っていますし、各界に知人も多いのです。（中略）江頭邦雄専務が新社長に就任しますが、２、３年で社会の流れがつかめるようになるかどうか、難しいところだと思います。それを次期経営陣は、『相談役ら長老からは、なんの干渉も受けたくない。名誉会長は意見が多すぎる』と言う。ずいぶんしょってるな、という気がします」という具合である。

平成９年（１９９７年）６月27日、定時株主総会後の取締役会で江頭は正式に社長に就任した。いよいよ２つ目のヤマ場を迎える。

本社ビルの最上階に、鈴木三郎助相談役名誉会長をはじめ社長、会長を経験した長老がそれぞれ部屋を持っていた。「私はまず三郎助さんに話を通した。『本社ビルは現役のものにしたい。別館に部屋を用意するので移ってもらえないか。取締役会に出席するのも遠慮してもらえないか』。三郎助さんはひと言『分かった』と言って了承してくれた。ほかの人たちも理解してくれ、案じたほど難航せずに問題が解消した」

後日談を書いている。「その年も終わろうとしているころだった。三郎助さんから電話があり、私と副社長にご馳走したいと言う。行くと『ありがとう』と思いがけない言葉をかけてもらった。私は驚いた。そして同時に安堵した。それが偽らざる気持ちだった」。めでたく終わったわけだが、こうした機微に触れる話は、どこまで書くべきか難しい。いずれにしても、結論だけでなく、江頭のように受け答えを具体的に書いたほうが臨場感があっていい。

『私の履歴書』の連載が終わって、江頭を訪ねると、いつものように精力的な顔に満面の笑みをたたえて出てきた。鈴木三郎助に部屋を移し取締役会に出ないでくれと言った話の回が日本経済新聞に出た後で、ある金融機関のトップから電話があったという。「うまく書いていていましたね。鈴木さんは気にしていたようですが、読んでホッとしたようですよ」と知らせてきたそうだ。江頭は我が意を得たりと、にっこり笑っていた。

平成17年（2005年）の秋だった。6月に山口範雄に社長を譲って会長になった江頭は「トップは長くやってはいけません。私は社長を8年やりましたが、最初の2年は総会屋事件の後始末や長老支配を終らせるなどで、前向きの仕事に集中できたのは6年です。今は会長になって取締役会議長として株主を代表して経営執行をチェックするのが仕事です」と語っていた。「経営会議にはオブザーバーとして出ていますが、他の会議には出席しません。私がいれば、みんなどうしても私の顔を見るでしょう。それでは社長がやりにくい」

その時々の役割を認識していたわけだが、もともと前向きに仕事に取り組む性格である。

「入社したときから、社長をやりたいと思っていました。取締役になった時からは、もし社長になったらこうしたいと、いろいろ考えたことをノートに書き留めました。また本もいろいろ読み、『ポイズン・オブ・パワー』つまり『権力の毒』という言葉に出合い心にとめました。だから社長になったときから、そうなってはいかんと思って、長くやるつもりはなかったのです」。社長に就任すると、もろもろの後始末とは別に、「食品アミノ酸系の日本から出発した世界企業」というビジョンを掲げて、ネスレなどに肩を並べられる企業を目指した。「長老支配や同族支配」にピリオドを打ったのは、「世界企業」に成長するための一歩と江頭は考えていたのである。

ところで書名に付けた「Y君」とは誰だろう。あとがきに種明かしをしている。『私の履歴書』を新聞に連載して、読者から多くの反響を寄せられた。その中に「学生時代に出合って封印した座右の銘はその後どうなりましたか？」と問うY君からの手紙があった。江頭は大学時代に『臨済録』の「随処に主となれば、立つところみな真なり」という言葉を座右の銘にすると心に決めたが、野心家と誤解されないように封印した。公言するようになったのは社長になってからという。入社以来、意に反する役回りもあったが、それぞれベストを尽くし、「随処に主となる」を貫いてきたと江頭は自負する。

若いビジネスマンのY君にこう助言している。「Y君は組織の中で上を目指す意味を見いだしかねているとも書いていた。そういう若者の心情は理解できなくもないが、私は『できたら社長になった方がいい』と敢えて言う。自分の夢を自分の意志と責任で追い求めることのできる最高の立場なのだから」と。「ただY君、誤解のないように付け加えておく。上を目指せとは言ったが、その前提として高い志や使命感がなければ単なる出世主義者になってしまう」と注意している。

企業のトップなどリーダーは確かに「高い志」を持つ人間がやるべきなのだろう。江頭があのヤマ場を乗り切れたのは、固い意志があったおかげと推察できる。

樋口廣太郎（アサヒビール＝現アサヒグループホールディングス社長）「逆境こそ大きなチャンス」攻めの経営

ビールのシェアが1割を切り危機的状態にあったアサヒビール（現アサヒグルー

プホールディングス）を奇跡的に再建した樋口廣太郎（1926‐2012年）は、「逆境こそ大きなチャンス」を信条とする攻めの経営者だった。平成13年（2001年）1月の日本経済新聞に連載した『私の履歴書』を加筆してまとめた『樋口廣太郎　わが経営と人生』は、多くのヤマ場で読ませる。

最初に出てくるヤマ場は、樋口が住友銀行（現三井住友フィナンシャルグループ）副頭取からアサヒビール顧問として初出勤した日に出席した会議の場面である。約3カ月後の昭和61年（1986年）3月28日の株主総会後の取締役会で社長に就任することが内定していた。

その日の会議の議題に、東京の旧吾妻橋工場の角に残っていたビヤホールの土地を売却する案がかけられた。工場本体は売却済みで、既に資産の切り売りで資金をつなぐ経営状態だった。決済日が3月31日と聞いた樋口は、社長の初仕事が資産売却と知り、待ったをかけた。「東京や大阪の資産をこの数年であらかた売ってしまって、そのうえシンボルの吾妻橋まで全部売ってしまったら、会社のイメージがさらに落ちる。当面のおカネは私がなんとかするから、この話だけは勘弁してくれ」と頑張って売却を止めさせた。このエピソードは、その後の樋口の積極経営の伏線となるもので、最初に持ってきたのは意味がある。

当時、アサヒビールは今では想像もつかないが、ビール業界の劣等生で「夕日ビール」と影口をたたかれる有様で、住友銀行によって支えられていた。それまで3代続けて住銀から社長が来ており、樋口も形の上では天下りだが、生え抜きの役員たちに「よきにはからえ」で済む生易しい状況ではなかった。それを承知して樋口は自ら進んで来たので、心に期するものがあった。

実はアサヒビールに来ることになった経緯が、樋口の人生の転機であり、大きなヤマ場といえた。幼少期から住銀に入るまで紆余曲折があったものの、「入行当初から役員時代まで、銀行での生活はずっと面白いものでした。不遇という言葉は私には無縁でした」とつづる。「ところがです。最後の数カ月は、『これは違う』という思いを抱くようになったのです」と、筆致が変わる。

住友銀行の実力者である磯田一郎会長との関係がきしみだしたのだ。1970年代半ばに起きた総合商社の安宅産業の経営危機に際して、磯田は担当副頭取として伊藤忠商事が安宅を吸収合併する形で処理して、一躍名をあげた。この功により昭和52年（1977年）に頭取に就任した。安宅処理で融資を放棄したことについて

「1000億円をどぶに捨てたようなもの」と発言。リスクを取ってたとえ失敗しても「向こう傷は問わない」というのも、磯田ならではの果敢な姿勢を示した。樋口も安宅産業問題では磯田の下で常務として働き、「切れ味鋭い人だなと感心したものです。あの頃の磯田さんは考え方が論理的で、すべての話をじっと聞いたうえですばやく判断を下していました」と認める。

「それが頭取になってから、次第にちょっとおかしいなと思うようになりました」。頭取就任の翌年に発表した関西相互銀行との合併計画に反対した。先方が反対の意思を強めていたからだ。樋口は、過去に合併を発表しながら失敗に終わった15例ほど新聞の切り抜きを持って、関西相銀との合併を担当していた後の頭取、小松康に反対を伝えた。「小松さんは『いまごろになって、やめられない』とおっしゃっていましたが、私は『いま断念すれば、うちは恥をかかずにすみます』と申し上げました」。磯田は「君はいったいどっちの味方なんだ」と怒ったそうだ。結局、この合併計画は関西相銀の組合や取引先が反対運動を展開し流れた。

磯田との決定的な衝突は、大阪・船場の繊維商社イトマンへのある融資をめぐって起きた。イトマンの石油取引への大口融資をするという話に、樋口は危険と判断して担当副頭取として断固反対した。イトマンの乱脈経営は後に、同社社長らが逮捕される特別背任事件に発展し、住銀は巨額の不良債権を抱え、磯田も失脚する結果になった。

「きちんと材料を示して反対すれば、磯田さんは『君の言うことはもっともだな』と必ずわかってくれる」と思った樋口は、磯田と対決する。『樋口廣太郎　わが経営と人生』の大きなヤマ場である。「私は会長室へ行って、『この融資の話はおかしい』と指摘したんです。ところが、それが磯田さんの逆鱗に触れました。『これは銀行の方針だ。そんなに気に入らないのか。君、辞めるつもりか』とまで言うので、私は『自分の考えは変わりません』と答えました。結論は私を担当から外すことになりました。私が部屋を出ようとすると、磯田さんが『もう一言、言っておく。邪魔立てするなよ』と駄目押ししました。『私が邪魔したことがありますか。おかしなことにならないように反対しているだけです。感謝してくださいよ』と言いましたが、それに対する磯田さんの言葉は、正反対のものでした」。当時、住銀の内部にいた人によると、腹を立てて興奮した磯田は、樋口が出ていったドアに、テーブルにあったガラスの灰皿を投げつけて、灰皿がわれたそうである。

迫真の場面だが、樋口はむしろ淡々と事実を要約して書いている。「辞職を覚悟して乗り込んだ」というような芝居がかった表現もないし、磯田をことさら悪者に仕立てることもない。人と激しく対立した場面を書く場合、やり取りをできる限り正確に書けば、全てを物語る。感情的な筆致にならないようにしたほうが、かえって読む側にどのような思いを抱いたのか正しくつたわる。

物別れに終わってしばらくして、樋口は磯田に呼ばれて、住友関連2社の社長ポストを示された。「磯田さんに『話をつけてきたから、どちらでも好きな方を選べ』と言われた私は、『どちらもお断りします。私はアサヒビールに行かせてもらいます』と返事をしました。これにはさすがの磯田さんも、『君、本気か』と驚きました。『アサヒは、先行きどうなるかわからん。うちから何人も行っているけれども、うまくいっていないじゃないか』というわけです。私は生意気にもこう言いました。『順調にいっているところで頑張っても、やりがいがありません』」

事実上、追い出されるわけで、これからはのんびりという考え方もあるだろうが、樋口は違った。「なぜ好きこのんで業績の悪い会社に行ったのかと思われる方もいるかもしれませんが、私はもともと『難しい』と言われれば言われるほど挑戦したくなる性格なんです」と樋口は記す。「逆境こそチャンス」というモットーは伊達ではなかったようだ。アサヒビールに住銀から入っていた3人の監査役に意見を求めると、「もうダメです。せいぜいもって2年でしょう」という悲観的な見立てだった。ただし樋口は「昔のアサヒを知っているので、『この会社には底力がある。こんなもんじゃないだろう』と思っていました」と書いている。今振り返れば、その見方はずばり当たっていた。

しかし立て直せるという確証は何もなかったはずだ。社長に就任した翌年の3月に発売した「スーパードライ」の大ヒットがなければ、樋口廣太郎のサクセスストーリーは生まれなかっただろう。これにより同社がなぜビール業界のガリバーと言われたキリンビールから首位を奪うまでになったのか、いろんな分析があるので、それには触れない。

味が変わっていたのがヒットした直接の理由だが、樋口は「コカ・コーラがかつて味を変えて失敗しています。スーパードライが大人気を博したのは、偶然というしかない。運がよかったのでしょう」と話していた。飲料・食品の新製品が当たるかどうかは、事前にいくら市場調査をしてみても、こういってては身も蓋も無いが、出してみないと分からない。このスーパードライ成功にまつわる話は『樋口廣太郎　わが経営と人生』にも書いている。

しかしチャンスと見た樋口の果敢な攻めの経営がなかったら、成功も常識的な範囲にとどまったと思う。まず樋口が社長に就任する直前に発売した「コク・キレ」ビールも売れて、1割を切ったシェアを1割に戻した。それからわずか1年で「スーパードライ」を発売するのは冒険だったが勝負に出た。さらに勝ちに乗じて製造設備を思い切って大拡張した。打つ手がすべて大当たりで、樋口は強運の持ち主といえる。

樋口や味の素の江頭のようなドラマチックなヤマ場はそうはない。しかし東洋紡の宇野が言うように人生には様々な「節」がある。受験、就職、結婚、病気、或いは終生の趣味など、様々な「節」をうまくヤマ場として書き込めば、めりはりのきいた自分史になる。

4　独りよがりにならない平易な文章

自分について書くとき、自分のことは一番よく知っているので、うっかり必要な説明を省いたり、自分では当たり前の専門的な言葉を使ったりする場合がある。これでは第三者には分かりづらいので注意したい。また文章術でよく言われる、持って回った美文より平易な文章が達意の文章であるということは、自分史についてもあてはまる。

松下幸之助　誰にでも分かる文章

それを示唆するエピソードが、『樋口廣太郎　わが経営と人生』に出てくる。樋口は住友銀行時代、取引先の松下電器産業（現パナソニックホールディングス）に出入りしていて、松下幸之助にある社内会議に同席を求められた。そこで担当者の説明を一通り聞いてから、松下が「お客さんに喜んでもらえるか」などと質問しながら、やりとりするのを樋口は聞いていた。突然、「樋口さん、この説明、あんたわかるか」

と尋ねられた。説明している人への気兼ねもあって、急には言葉が出ない。「すると即座に松下さんは言うのです。『それみい、大学出た人にもわからんのに、小学校も卒業していない僕が分かるか。誰にでもわかるように説明してくれんか』。つまり、この説明は要領を得ないから、もっとしっかり詰めなさいという意味なのです。（中略）再び説明を受けられたが、『まだ腑に落ちんな。ご苦労さん。明日またやろう』。（中略）こうして延々と担当者たちに考えさせて、最後に『まあ、こんなところかな。しょうがない、それで決めよう。いや、みんなご苦労やったな』という具合にけりをつけられる」

松下幸之助が言う「誰にでもわかるように」はそのまま、平易な文章を書く要諦になる。独りよがりの文章にしないためには、推敲するときに第三者になったつもりで、「これで分かるだろうか」とできるだけ客観的にチェックするやり方がある。その際、例えば自分の仕事の内容を知らない家族を基準にするなど、誰かを具体的に読者と想定して読み直すのもよいかもしれない。

その松下幸之助（１８９４－１９８９年）には、『私の行き方考え方』（ＰＨＰ文庫、日本図書センター）と『私の履歴書』（日本経済新聞社刊『私の履歴書　昭和の経営者群像3』所収）という2つの代表的な自分史がある。

前者は旧版のまえがきによると、「昭和10年から19年にかけて、当時の社内雑誌であった『歩一会誌』に連載したもので、社員に、経営者としての私の生い立ちや行き方考え方を理解してもらうつもりで語ったものである」という。内容は「私の生い立ちから昭和7年ごろまで、すなわち40歳ごろまでの話で、自叙伝としては、いわば第一巻とも言うべきものである」

後者の『私の履歴書』は、昭和31年（1956年）8月と昭和51年（1976年）1月の2回、それぞれ日本経済新聞に連載したものだ。従って、『私の履歴書』は、生い立ちから戦後の復興期を経て松下電器産業を国際的な優良企業に育て、昭和48年（1973年）7月に会長から相談役に退いたところまで述べている。

この2つを比べると、前者の『私の行き方考え方』は戦前、社員に向けて書かれていることもあり、わかりやすい記述になっている。おそらく教育的な配慮もあったものと思われる。また戦後を含まず、松下電気器具製作所を創立してからも約26年なので、『私の履歴書』の同時期の記述と比べるとかなり詳しい。

例えば、松下幸之助の経営理念として有名な「水道哲学」の成り立ちが丁寧に書いてあるので、参考に見ていこう。水道哲学は、道端の水栓から水を誰が飲んでもとがめられないのは何故かから発想する。それは水が豊富なためで、このように物資を潤沢に生産して社会を豊かにするのが産業人の使命であるという考え方である。

それはある宗教の教団本部を訪ねたのが発端だった。『私の行き方考え方』は経緯を丁寧につづっている。

まず昭和７年（１９３２年）の経済環境を説明する。前年末に犬養毅政友会内閣が成立し、初閣議でデフレの一因になっていた金輸出の再禁止を決定した。蔵相には高橋是清が就任し、積極的ないわゆる高橋財政が始まった。ようやく不景気から抜け出せる兆しが見えてきた。

時代の流れを押さえたうえで、「私も内閣がかわるし、業界もだいぶ明るくなってきたから、さらに本年は大いに積極的な経営をしようと考えていたところ、ある日、取引先のＵ氏がやってきて」

「松下さん、きょうはおりいってあなたにお話を申し上げたいことがあります」と言う。何事かと聞くと、数年前から思うようにいかなかったり、不幸が続いたりして、弱っていたと打ち明ける。知人の勧めで、某宗教に１回、２回とお参りするうちに、だんだんとありがたいと思う気持ちがわいてきた。すると心も広く、不安も消え、信仰に喜びを覚えるようになった。「それにつれ店のほうも、なにもかも都合よくいきはじめ、ああありがたいことだと、はじめて人生の喜びを感ずるようになりました」「それで私はこの喜びを人様にも分かちたいという気持ちでいっぱいになっています。（中略）あなたのような人が、もし信仰の道に入られ、宗教的信念のもとに事業をお進めになったならば、それこそ先に申したように層一層の大成功を実現されることと思います」。U氏がじゅんじゅんと説く様子をリアルに描写する。「一度私とお参り下さい」と勧められたが、松下は熱心な勧めに感謝しつつ「今すぐ信仰の道に入るということもできかねるが、御縁があればまたお導きをうける機会もありましょう」と、お引き取り願った。

それからU氏は3、4回、勧めに来た。信心をしている人はみな労をいとわない。善意によるものなのだろうが、来られる方は時間をとられて、有難迷惑に思いそうなものだ。しかし松下幸之助は人の話をよく聞くことで知られている。「有難いお話ではあると思いますがまだ信仰をするという気分にはどうしてもなれません。（中略）その中に信仰心も芽生えることでしょう。それまでお待ちください」と率直に話した。

U氏は「ごもっともしごく」と了解し、「信仰のためだということではなしに、軽い意味で一度私と一緒に本部へお参りして見ましょう。（中略）まあ一日損をすると思って参詣して下さい」と提案した。松下は「U氏の好意も黙しがたくなっているので、かねてきく本部の壮大さも見聞したいと思い『それでは参詣いたしましょう』と、とうとう承諾することにした」

ある日、朝から某教の本部をU氏の案内で訪ねた。「今まで西本願寺にも、また東本願寺にも、またその他の宗教本山にも数多くお参りしたことがあるが、どこへお参りしてもさほど深い関心をもったことはなかった」という松下がここでは感嘆した。本殿の壮大さ、普請の立派さ、静粛さ、神殿にぬかずく敬虔な信者たちの姿などに強い印象を受けた。松下は「自分もこの雰囲気につられて、思わずもうやうやしい念にうたれて礼拝した」。様々な施設を巡り、微に入り細を穿つ記述が続き、最後に教団の製材所に案内された。教団の施設建設に要する木材を製材するためのもので、かなり大きな製材会社と比べても引けを取らない規模だった。

「私は最後のこの製材所をみて、強い感動と感激を覚えた。さすがに宗教の力は偉大なものである。このような大きな建設事業が、しかも奉仕の人々によって進められていくということ、また所要木材がことごとく献木によってなるということなどを考えあわせて、しばし感慨無量であった」

しかし松下は入信しなかった、それどころか、某教の本部の運営も「経営」と見立てて、実地に見聞して得たいろいろな想念から、独自の経営理念である「水道哲学」を導き出したのである。これは相当に飛躍がある展開で、下手をすれば、理解しにくい論理になる。だがU氏の話から説き起こして、順を追って具体的に語り、説得力のある文章に仕上げた点は、なかなかのストーリーテラーだ。後年、「経営の神様」といわれて多くの示唆に富む著作や語録を残した特異な経営者ならではである。

話を元に戻す。松下はU氏と別れて帰路につく。電車の中で、今日見た某教のことを頭の中で反すうした。「まだ信仰に芽生えていない私として、それは一つの経営と考えられることもまたやむをえない」と思い至る。「立派な経営、すぐれた経営」と、「私は感嘆を大きく深くすればするほど、真個の経営ということがしきりに頭に浮かんでくる」。考えを巡らしていくと、「不思議にわが業界における経営ということに思い進んできた」

家に帰っても深夜まで考えが尽きない。某教の事業は精神の救済を目指す聖なる事業。「われわれの業界はまた人間生活の維持向上のうえに必要な物資の生産をなし、必要かくべからざるこれまた聖なる事業である。（中略）昔から『四百四病の病より貧ほどつらいものはない』という諺がある」。そして「われわれの事業も、某教の経営も同等に聖なる事業であり、同等になくてはならぬ経営である。私はここまで考えてくると稲妻のごとく頭に走るものがあった」。啓示のようにひらめいたのは「われらの経営こそ、われらの事業こそ、某教以上に盛大に繁栄をせねばならぬ聖なる事業である」という確信である。

「しからば聖なる経営、真個の経営とはいかなるものか。それは水道の水だ」。すなわち水道哲学である。「生産者の使命は貴重なる生活物資を、水道の水のごとく無尽蔵たらしめることである。いかに貴重なるものでも量を多くして、無代に等しい価格をもって提供することにある。かくしてこそ、貧は除かれていく。貧より生ずるあらゆる悩みは除かれていく。生活の煩悶も極度に縮小されていく」

貧困のために小学校4年で故郷を離れて、大阪の火鉢屋の小僧になった幸之助には、実感のこもった経営理念だったのだろう。ある宗教を見学したのをきっかけに、単なる商売を超えた「真使命」をつかみとった松下幸之助は、昭和7年（1932年）5

月5日を第一回創業記念日として全従業員を集めて「松下電器の真使命」を発表した。経営理念のような抽象的な概念を、なぜ、どのようにして生み出したのかを丁寧に書いた例として参考になる。

湯川秀樹の『旅人』が示す自分の専門に閉じこもらない自分史

自分の専門に閉じこもらずに門外漢にも通じる自分史という例として挙げられるのは、湯川秀樹の『旅人』（角川ソフィア文庫）である。理論物理学者湯川秀樹（1907－1981年）は、中間子の存在を予想して昭和24年（1949年）に日本人初のノーベル賞を受賞したことで知られる。理論物理学に中間子と聞くと、その世界の研究者でないと、まず難しいというイメージが思い浮かぶ。

しかし「ある物理学者の回想」という副題がつく湯川秀樹の『旅人』は、1人の人間がどう自己を認識して、何に悩み、いかにして天職を見出したのかを、つづった記録である。中間子理論のアイデアがわくところが結末なのだが。それが主題ではない。だから研究業績についての専門的な込み入った解説はなく、数式も出てこない。内向的な少年の自我の成長がテーマで、科学に縁のない人にも共通する普遍性がある。文学的センスも感じられる。まるで小説のような書き方もしており、引き込まれる。

湯川秀樹は、もとは小川という名字だった。大学卒業後に、湯川スミと結婚して湯川家の養子になって湯川に変わった。実父の小川琢治《たくじ》は京都帝国大学の教授で地質学、地理学を講じ、5人の息子を学者に育てるつもりでいた。あるとき、ふとその考えを改めることにした。『旅人』から少し長くなるが引用しよう。

「琢治は自分が学者だったから、そして学者であることに誇りを持っていたから、子供たちも学者にするつもりでいたのだ。しかし、学者になることだけが、人間として立派なことか、と思った時、彼は不意に子供たちを見直す気になった」

「琢治の目に、当然のことのように三男秀樹の顔がうかんできた。——あの子だけは、他の子供たちとどこかちがっている！」

「琢治が三男秀樹を専門学校にやろうかと思いだしてから、もうしばらくの日が経《た》っている。学校でも、長男や次男ほどには目立たない子だ。だから彼には、彼にふさわしい道を歩かせようかと考えたまでのことだ。決して不平等というわけではない」

「ある日、琢治は夕方の研究室を出た。赤れんがの古めかしい色を意識しながら、いちょう並木の間をぬけて百万遍に出る。といきなり背中から声をかけられた。『小川さん』」

塚治を呼び止めたのは、秀樹が通う京都府立京都第一中学校の校長森外三郎だった。ここから2人の会話が始まる。

「ふと、塚治の中に、一種のひらめきに似たものが走った。――そうだ、この校長に相談して見るのもいいかもしれない」

「あなたは、僕の三男、秀樹のことをよく知っていらっしゃるか？」

「ええ、よく知ってますよ」

「あの子をどういう方面に進めたらいいかと、実は少し迷っているのだが…」

「どういう方面に、というと？」

「つまり、普通の高等学校から大学へすすませようか、それとも……」

「………」

「それともどこか、専門学校でも選ばせようかと…」

「小川さん」

「なんでそんなことをあなたが言いだされるのか、私には納得がいかない」

「…………」

「秀樹君はね、あの少年ほどの才能というものは滅多にない」

「いやあ…」

「いや、待って下さい。私が、お世辞でも言うと思われるのなら、私はあの子をもらってしまってもいいです」

「…………」


さらに森校長は教室で数学を教えたときの経験から、秀樹には「数学に関する限り……天才的なところがある」と、るる説明して、琢治が納得する場面が続くが割愛する。気付かれたかと思うが、「私」という一人称の書き方から変わっている。湯川自身が、このくだりの前で「自伝としては奇妙な形式かもしれないが、この部分だけは、まったく三人称で書いておくことにする。そうしたほうが、私という人間を、客観的に書けるという便宜も考慮した上である」と断っている。

そのうえで、小説のような文体にした点は、読ませる工夫として面白い。独創的な発想を尊ぶ湯川らしいアイデアといえるかもしれない。ただし父親琢治の息子の進学についての考え方や、森校長との会話の内容は、湯川が父母や森校長から相当詳しく聴き出さないと、こうは書けない。

型にはまらない例としてもうひとつ、妻になった湯川スミと見合いしたときの光景についての記述がある。見合い写真を送らなければならなくなり、丸刈りだった頭の髪をのばしだした。「しかし、頭髪はそんなに一ぺんにはのびない。半分のびかけたところで、写真をとるほかなくなった。頭の毛はぴんぴんと立っている。左右に分けることもできない。着なれぬ背広も板についていない。中途半端な、実にぶざまな写真ができ上った。今でも妻は、『あの時の写真の秀樹さんは、陰気そうで貧弱だった』と言って私をからかう」

実際の見合いの場面については、「さて、これから先は、湯川スミの語る当日の印象記である」と、一人称は変わらないが自分からスミに主体を転じる。

「私はその朝、髪の飾りの花はやめておこうかと思った。そのころは、後ろにマゲをゆって、娘さんは、その横に大きな造花のカンザシをさすのがならいであった。姉の仲子がそばへやってきて、「何で今日は、花ささへんのや?(略)」と、スミの印象記が始まる。

両親などもそろって挨拶を済ませ、食事の場に移る。

「兄はしきりに話しかける。『大学は、どの先生の所ですか』

『玉城先生です』

一語でも少なく最小限の返事ですまそうとしているかのよう――しかも、聞こえるか聞こえぬか分らぬぐらい小さい声である。兄は話題を考え出しては、話をつづけようとする。

『だれそれを御存じですか』

『知りません』

兄は話しのつぎほに困っている。」

湯川は「彼女の印象記は次の文章で結ばれている。『少しおとなしすぎはしないかと、心配して見たりする、しかし、見かけはどうあろうと、真面目な秀才であると父母から聞いていたことに、間違いはなさそうだ。一生を託してもよい人だろう』」と記す。湯川のスミへの印象は割愛する。今の女性なら、話しが盛り上がらず詰まらない人と結論付けたかもしれない。しかし湯川の文章力には感心させられる。これまで見てきたように、文章の組み立てを自由に操る。文章そのものも、飾り立てず分かりやすい。

中学時代、「近衛」という同人回覧雑誌に参加していた。「何十人かの同人が、それぞれ何枚かの原稿をもちよる。小説あり、随筆あり、論文あり、――何しろ中学生のことだ。先生に対する注文や批評もある。学校への提言もある」というもので、湯川は童話を書いたことがある。内容は覚えていないそうだが、「意識して童話を書いた時代があるということは、私にとっては記念すべきことだ。――いや、文学的な『美』も、理論物理学が私たちに見せてくれる『美』も、そんなに遠いものではないと、実は今でも思っている」と、『旅人』に書いている。

読書は少年時代からよくした。5つ6つの歳から、祖父について漢籍の素読を始めた。おかげで漢字が分かるようになり、父親の蔵書も手あたり次第に読みだした。

「私は子供ながらに、なぜか孤独と親しんで行ったようだ。父に対する根強い反感があった。怖れもあった。それが私の心を閉鎖的にした。しかし外へ向かっては、閉ざされた自分の世界の中では、一人で、だれに気がねもなく、私の空想は羽ばたくことが出来た。家じゅうにあふれていた書籍が、次第に私をとらえ出した。そして、それが私の空想に新しい種を与えた」

愛読したのは和とじの十冊からなる『太閤記』で、読み終えるころには小学校に入っていたようだ。「少年時代、私は豊臣秀吉を愛した。開拓者的なスケールの大きさにも、魅力があったのだろう」という。しかし、はにかみ屋で無口な子供だった。

「面倒なことは、すべて、『言わん』のひとことですました」というから、我を通す強さが幼いころよりあったようで、真理を一心に探求するのに向いていたと思える。

「何故こんなことをするのか、どうしてこういうことになったか、という質問に会うと、きっと黙ってしまう。ある時はそれがそのまま、父に対する抵抗であったように思う」

このため「イワンちゃん」というあだ名がついた。当時、ロシアのトルストイの作品が続々と翻訳され、新潮社から「トルストイ研究」という雑誌まで出されるほどブームになっていたそうだ。「あだ名『イワンちゃん』は、案外、『イワンの馬鹿』あたりから来ていたのではないか。もしそうだとすると、微笑ましくも、また不名誉なあだ名でもある」

湯川の少年時代の読書遍歴は、日本の古典、小説から老子、荘子、ヨーロッパの文学までまさに濫読だった。その中で「人生について、漠然と考え始めたのは、やはりトルストイの『人生論』あたりが契機となったらしい」と書く。読んだのは中学の初めごろで、「少年が、当然一度はつき当たるべき暗礁——人生とは何か？　という問題を、私に向って提起した者は、たしかにトルストイだった」

一中から第三高等学校に進んでも、どのような学問を追求すべきか混沌としていたが、京都大学を志望するときには「物理学」に照準が定まった。京大に入って、ヨーロッパで最先端の「量子論」に出合い、「理論物理学」の研究に専心する方針が固まる。こうして後に世界の物理学会を驚かす「中間子論」を完成させたところで、『旅人』は終わっている。

湯川秀樹は中間子論をどのように完成したのか、詳しく専門的に書いていない。『旅人』はもともと51歳のときに朝日新聞夕刊に昭和33年（1958年）3月18日から7月8日まで連載したものである。理論物理学について詳しく書き出したらきりがないだろうし、かえって門外漢には逆にちんぷんかんぷんかもしれない。

山路敬三（キヤノン元社長）　技術的な話を平易に書く工夫

しかし技術的な業績を丁寧に伝えなければ、自分史として完結しない場合がある。レンズ設計者としてならしたキヤノンの元社長山路敬三（１９２７－２００３年）はその１人だ。日本テトラパック会長だった平成９年（１９９７年）３月に連載した日本経済新聞の『私の履歴書』に、レンズ設計に取り組むことになった経緯や、精魂こめた仕事ぶりについて詳しく書いている。一般の人にとってカメラは理論物理学と比べたら断然なじみがあるが、レンズの技術的な話も易しく書く工夫が要る。

実は、山路は物理学を志し、昭和23年（１９４８年）３月に東京大学理学部に入学してノーベル賞を目指した時期がある。これには湯川秀樹と多少の接点があった。物理学に目を開かせてくれた旧制静岡高等学校の宇野慶三郎教授が湯川と高校時代、同期生だったのだ。

「宇野先生は後にノーベル賞を受賞した湯川秀樹博士と第三高等学校の同期生で、高校時代は先生が首席で湯川先生が二番だったそうだ。三高で一番だった生徒は東京大学の物理に進み、二番は京都大学の物理に行ったという。しかし当時、湯川先生はすでに原子物理学の業績で文化勲章を受章し京大の教授だった。首席だった先生にとっては非常に悔しかったのだろう。自分の生徒の中から物理を目指す学生をたくさん出して、立派な業績を上げる学者を育てたいと、執念を燃やしていたのだと思う」

東大に入学した翌年だった。「湯川博士が1949年度のノーベル物理学賞を受賞する。これは戦争に負けた日本人に自信を取り戻させたという意味では、社会的な大事件でもあった。宇野先生の薫陶を受けた私も大いに刺激を受け、ノーベル賞を目指した」。ところがノーベル賞の夢はひょんなことからついえた。旧制大学は3年で、当時東大の物理には卒論はなく、教授指定の論文などについて勉強会をやり、卒業実習のようになっていたという。1学期が過ぎたころ、指導教授が病気で倒れて亡くなり、宙に浮いてしまった。

「ここは学者になるのを諦めて別の道に進んだ方がいいのではないだろうか」と考えて、就職に切り替えた。ならば「物理屋を大事にしてくれる会社を選ぼう」と決めた。東大理学部出身の先輩が多いところは敬遠し、「レンズ会社、当時は光学会社と言われたところに目を付けた。ここなら先輩は少ないし、物理屋はレンズ設計者として中心になって働けるので面白そうだ」

レンズ設計に必要な幾何光学の講座を受けていなかったが、幸い親切な小穴純教授に学ぶことができた。「今度は、小穴先生の恩義に報いるために、世界一のレンズ設計者になろうと、新たに意欲がわいてきた。ノーベル賞から目標を変えたのだから、そのくらい夢は大きくなければしょうがない」。これだけ読むとギラギラした野心家と誤解されそうだが、けれんみのない素直な気持ちを述べたにすぎないと思う。山路は70歳近くになっても、ニコニコと何事にも前向きな万年青年タイプの明るい人物だった。

さて設計の話をどう書いたのか、みていこう。キヤノンに入社したのは昭和26年（1951年）11月15日で、最初は専らレンズの性能測定をした。「設計は時々やった。主にファインダーである。当時の35ミリカメラはレンズ交換ができた。レンズを換えると視野（撮影範囲）が変わるので、付属品のファインダーが必要だった」

今はデジタルカメラに変わり、オートフォーカス（AF）で自動的にピントを合わせてくれる。昔は、ファインダーをのぞいて被写体が二重に見えたらピントが合っていないわけなので、レンズを前後に動かして二重になっている像を1つにしてピントを合わせた。山路が『私の履歴書』連載した1997年当時はまだ、こうした手でピントを合わせるカメラが使われていた。

山路のファインダー設計の話はこう続く。「レンズの出し入れと連動して距離計のミラーが動く。それでファインダーの中に見える二重像が合うところで止めればピントが合う。その精度がよくなるような機構を数学的に決めるアイデアをまとめ、初めて特許を取った。最初に発表した論文も『小型カメラにおける距離計連動機構について』である」

その延長で昭和29年（1954年）ごろ、「ムービーカメラの設計チームに加わり、理想的なファインダーを設計した」。この仕事が終わると、ズームレンズの設計を担当した。「これが完成して後に『ヤマジ式ズーム』と呼ばれ、その理論をまとめた論文で工学博士号を取れた。私にとっては記念碑的な仕事になるわけである。テレビが普及し始めて、ピントを合わせたまま被写体を引き寄せたり遠ざけたりする、ズームレンズに対するニーズが急に高まってきていた」

カメラやレンズに全く縁のない人にもある程度分かるように、ズームレンズの説明もしている。当時のズームレンズは、ピントが一番遠くと最も近くと、その中間の1、2カ所で合っていれば、よしとする程度の性能だったそうだ。光学補正式というものである。

自由に設計してよいと任された山路は、４つの基本方針を決めた。「第一は、ズーミング中にどこで止めてもピントが合っていなければならない。従って光学補正式ではなく、カムで2つのレンズ群を相対的に動かす機械補正式にすることにした。第二は固定焦点距離のレンズと同じ水準の画像性能を持たせること。第三はズーム比、つまり焦点距離の一番短いのと長いのとの比率を従来の3倍どまりより大きくする。第四にレンズの明るさを今までのF2・8より明るくする」

実用化された機械補正式のズームレンズはまだなく、野心的な目標だった。「2つ以上のレンズ群を動かすことによってピントを外さずに焦点距離を変えられる。実際のレンズのタイプはいろいろなものが考えられる」。このため「凸レンズ、凹レンズ、凸レンズの3つのレンズ群からなる基本形を決め、それを部分的に変えると、どうなるか解析した」。そうしていろいろできるズームレンズの中から、最も性能がよくなりそうな組み合わせに絞る。「最初に完成したのはテレビの野外撮影用のフィールドズームというものだ。今まで3倍程度だったズーム比を6・7倍に高めた。テレビ局は喜んで採用してくれた」

最初の1型ズームは設計から1年10カ月くらいで昭和33年（1958年）3月に完成した。小型軽量化した2型は翌年2月に設計を終えた。この間の昭和33年（1958年）9月に完成したシネカメラ（8ミリ）用ズームレンズは、「世界一明るいズームを作ろうと考え、F1・4を実現した。しかもズーム比は4倍で、世界広しといえども対抗馬はなかった」。これはヒットして、会社のピンチを救うのに貢献した。

山路は一連の開発について、もっと専門的に書き込みたかったのではないだろうか。しかし『私の履歴書』は新聞に掲載するので、字数が限られているし、一般の読者向けなので、極力分かりやすく概略にとどめたようだ。どのように書くかは、筆者が誰に何を読んでほしいのか、テーマ設定による。もし専門家を読者と想定して、技術的な回顧を中心に据えるのであれば、専門用語を駆使して書くのもありだ。自分史なのだから自由なのだが、普通は広く読まれるように平易に書くのが基本である。

山路はズームレンズの一連の開発の功績により、日本映画技術協会賞や科学技術長官賞を受賞した。昭和47年（1972年）、44歳の若さで取締役に就任し、平成元年（1989年）3月に社長になり、その後、副会長、相談役を経て、平成7年（1995年）9月に日本テトラパック会長に就任したあたりで筆をおいている。

5　終章を大切に

書き出しは、読み手を文章に招き入れるうえで極めて大事であることは既に書いた。本文で自分史を十分に語って、さて終章をどう書くか、これも疎かにできない。終わりよければ全てよしというのは、やや言い過ぎだが、自分史をどのように結ぶかに、書く人の生き方、価値観、死生観などが凝縮されて、読み手に様々な余韻を残す。

黒澤明『蝦蟇の油』～自伝のようなもの～

実例を見ていこう。まずは映画監督の黒澤明（１９１０－１９９８年）の『蝦蟇《がま》の油』（岩波現代文庫）である。「自伝のようなもの」という副題がついている。これは黒澤が68歳のときに、昭和53年（１９７８年）３月から9月まで『週刊読売』に連載したものがもとになっている。それを加筆・訂正のうえ再構成して岩波書店によって昭和59年に刊行され、現在は岩波現代文庫の中の一冊である。

結びの文章は、映画作りに自己を投影してきた黒澤の思いを簡潔に伝える。「人間は、これは私である、といって正直な自分自身については語れないが、他の人間に托して、よく正直な自分自身について語っているものだからだ。作品以上に、その作者について語っているものはないのである」

自伝では語りつくせない自分の本質を作品に託しているというわけである。映画作りによって、人間とは何かを追求し、結果的に自分を見つめてきた黒澤らしい言葉である。『蝦蟇の油』の最終章は「羅生門まで」となっている。ベネチア映画祭でグランプリを受賞した映画『羅生門』にいたる、戦後第一作になる『わが青春に悔いなし』からの作品作りについてつづっている。

『羅生門』では、さあ撮影開始というときに起きたある出来事を書いている。「大映が私につけた助監督が3人、私を宿屋に訪ねて来た。何事かと思って用件を聞くと、この脚本はさっぱりわけが解らないので、どういう事なのか説明してもらいに来たと云う」。黒澤はよく読めば解ると言うが、助監督たちは納得しないので、説明した。

「人間は自分自身について、正直な事は云えない。（中略）虚飾なしには生きていけない人間というものを描いているのだ。いや、死んでも、そういう虚飾を捨てきれない人間の罪の深さを描いているのだ。これは、人間の持って生まれた罪業、人間の度し難い性質、利己心《エゴ》が繰り広げる奇怪な絵巻なのだ」。説明を聞いて2人の助監督は納得したが、チーフ助監督の1人は納得しないまま帰って行った。「このチーフ助監督とは、その後もうまが合わず、最後には事実上やめてもらうような事になったのは、今でも残念に思っている」という。

『羅生門』は、俳優が三船敏郎、森雅之、京マチ子、志村喬などで、カメラマンは宮川一夫と、黒澤の望むメンバーがそろい、撮影は順調に進み完成した。次に松竹でドストエフスキーの『白痴』を作った。「この『白痴』は、さんざんであった、松竹の首脳部と衝突し（中略）大映で仕事をする話も大映の方から断られた」

「当分、これで、私は冷や飯を食わされる、そう覚悟をきめると、あせっても仕方がないとあきらめて、多摩川へ釣りに行った」。釣りもうまくいかず、憂鬱な気分で家に帰ると、夫人が飛び出して来て「お目出度うございます」と言う。「私は、思わず、むっとして聞いた。『何が？』」。ベネチア映画祭で『羅生門』がグランプリを獲得したというのだ。黒澤は出品されたことも知らなかったそうだ。さらにアカデミー賞の外国映画最優秀賞も受賞した。

「日本の批評家達は、この2つの賞は、ただ東洋的なエキゾチズムに対する好奇心の結果に過ぎない。と評した。困った事だ。日本人は。何故日本という存在に自信を持たないのだろう」と、黒澤は嘆く。もうひとつ『羅生門』にまつわるあきれた話を書いている。テレビで『羅生門』が放映されたときのこと。「この作品の製作会社の社長のインタビューが一緒に放映されたが、その社長の話を聞いて唖然とした」

「この作品の製作に難色を示し、出来上がった作品についても全くわけがわからんと憤慨して、その製作を推進した重役やプロデューサーを左遷したにもかかわらず、そのテレビのインタビューでは、この作品の製作を推進したのはすべて自分であると胸を張って話していた」

『羅生門』で描いた、人間の性質の悲しい側面を眼のあたりに見る思いがしたのである。（中略）人間には、基本的に自分自身を美化する性質がある、という事を改めて思い知らされた」。翻って自分はどうなのかと、黒澤は自問する。「この自伝のようなものを書き綴って来たが、果してその中で正直に自分自身について書いているだろうか？」

「私は、この『羅生門』の項を書きながら、その事を反省せずにはいられなくなった。そして、先に筆を進める事が出来なくなった。（中略）『羅生門』以後の私についいては、それ以後の私の作品の中の人間から読みとってもらうのが一番自然で一番いい」

ここで先述の「……作品以上に、その作者について語っているものはないのである」という結びの文章につながる。『羅生門』以後、『蝦蟇の油』を「週刊読売」に連載した68歳のときまで、数多くの話題作を作り続けた。『生きる』『七人の侍』『蜘蛛巣城』『用心棒』『椿三十郎』『天国と地獄』『赤ひげ』などがある。

黒澤は『羅生門』まで書き進めて、これ以上、自分を解剖するのは無理だと気付いたのだろう。作品に込めてきた人間の不条理で得体のしれない部分は、全て自分の内面の反映と考えられる。自分の奥底にあるものが創作欲となって湧き出し、黒澤は映画の形をとって表現する。それを文章で語りつくすのは困難だと分かり、やはり映画で理解して欲しいとの結論に達したわけだ。『蝦蟇の油』の最終章は、映画監督黒澤明の自分に対する気づきを明示しているのではないか。

カール・ベンツ「あるドイツ人発明家の人生行路」

がらりと趣を変えて、将来に期待を寄せる自分史の閉じ方を紹介しよう。ガソリンエンジンを積んだ実用的な自動車を世界で初めて走らせたドイツ人のカール・ベンツ（1844－1929年）の『自動車と私　カール・ベンツ自伝』（藤川芳朗訳、草思社）がその一例である。訳者あとがきによると、本書は原書（初版1925年、新版2001年）の全訳で、原題は「あるドイツ人発明家の人生行路」という意味だそうだ。

ベンツが自動車を完成したのは1885年である。4輪では方向転換が難しいので、3輪車にガソリンエンジンを載せていた。ほぼ同時期に同じドイツ人のゴットリープ・ダイムラーがガソリンエンジンによる木製オートバイを開発している。2社が創立した自動車メーカーは1926年に合併してダイムラー・ベンツ社になった。現在のメルセデス・ベンツグループの前身であることは言うまでもない。この2人はともにガソリンエンジンとそれを用いた乗り物の開発に取り組みながら、それぞれ全く独立して開発して一度も会うことはなかった。

『自伝』はベンツが80歳のときのものである。自らのガソリン車開発の経緯や自動車開発史を俯瞰的に書いているので、産業史としても参考になる。1885年春、初めて走らせたときの描写は、ベンツの誇らしげな様子を生き生きと伝える。寄り道になるが、「ダッ、ダッ、ダッ。これは新時代の新しい挨拶の声だった。あの時代にガソリンエンジンが、さしあたり陸上で支配者の座に就いたことを知らせる、いわば最初の角笛の音だったのである」という調子だ。

「ところが、とつぜん不運に見舞われる――最初の《故障》、これが不運の名前だ。（中略）驚嘆と賞賛はたちまち憐れみ、ひやかし、嘲笑に変わる」。それから故障、改良が延々と続き、「1885年も終わりに近づいたころ、私は自分の車がたんなる試作品ではないと確信するにいたった。実生活で使用することが可能であり、将来は経済的な価値もある、と考えたのだ」

最後はこう締めくくっている。「人間の大昔からの夢、かつて、

精神の翼は自由に羽ばたくことができても、

肉体の翼は思うようにならぬ（ゲーテ『ファウスト』）〔手塚富雄訳による〕

と言われたが、その夢が現実となったのです。今では人間が空を飛んでいるのだ……。この大昔からの人間の夢が実現されるのを、生きているうちに目で見、体験できたことは、80歳を超えた私にとっては、人生という空で夕映えが薄れていくところへ、朝日が昇ってきたような思いである――」

ベンツは、馬からどこにでも自由に行ける自動車へと、陸の交通手段に革命をもたらし、社会、経済のあり方を一変させる道を切り拓いた。その『自動車と私　カール・ベンツ自伝』は、飛行機の将来性に夢をつなぐ言葉で終わっている。米国のライト兄弟が世界初の飛行に成功したのが１９０３年である。ベンツが享年84で亡くなる2年前の１９２７年5月にはリンドバーグによるニューヨーク－パリ間の単独無着陸飛行が成功している。

野球王タイ・カップの自伝に示された最後の一節

闘う人生を貫いてきたプロらしい締めくくりの言葉もある。20世紀初頭の米大リーグで頭抜けた成績を残したタイ・カップ選手（１８８６－１９６１年）（現在はカッブだが、翻訳書通り）の『野球王タイ・カップ自伝』（タイ・カップ著、内村祐之訳、ベースボール・マガジン社）に記された最後の一節は満足感にあふれている。

「ふるさとのジョージアの丘辺に、また、さざなみ寄せるカリフォルニアの湖畔にあって、私はこの上もなく幸いである。時に襲う体の痛みも、今はずっと遠のいた。私はしばしば神に語りかける。わが行く手を、神よ、導きたまえと祈りつつ。君たちにも神にすがりたまえかし。強さと、自信と、正義のために戦う勇気とは、ただ神からのみ与えられる。決して書くまいと、ひとたび心に誓ったこの自伝もついに終わった。わが最後のゲーム、最後のイニング、最後の打席もこれでおわりである」

　現在は投打二刀流の大リーガー大谷翔平の大活躍で、二刀流の記録保持者だったホームラン王のベーブルースの名前が日本のメディアでもたびたび報じられている。それと比べると、タイ・カップの名前は日本では野球ファン以外にはあまり知られていない。しかし米国では違う。

　この『自伝』の序文を、終戦後、連合国軍最高司令官として日本に君臨したダグラス・マッカーサーが寄せている。「わが国の現代史の上で、タイ・カップの名ほど、人々の心に深く焼きつけられたものは少ないであろう。野球界における最も攻撃的な戦士として知られる彼の一代記は、本書によって残りなく語り尽くされる」

　生涯記録は、野球記者のE・A・バチュラーが『自伝』に書いている「私の知るタイ・カップ」に記されている。主な記録は次の通り。アメリカン・リーグの首位打者12回（9回連続含む）、大リーグにおける最高の終身打率3割6分7厘、最多安打数4191本、打点数1901点（最初の2年は記録がない）、最多盗塁数1シーズンに96、生涯892。このうち首位打者の回数と終身打率は今も破られていない。打率4割超も3回記録しており、驚異的な成績である。

数字もさることながら、マッカーサーの言う「攻撃的な戦士」として記憶に強く残る大リーガーである。野球好きの作家山口瞳は自著の『草野球必勝法』で一読を薦めている。『野球王タイ・カップ自伝』という本がある。私は高校生・中学生のための良い書物がすくないことを嘆いてきたが、これは、ぜひ少年たちに読んでもらいたいと思っている本だ。ちょっと退屈してしまってスランプ気味のサラリーマンにも読んでもらいたい。タイ・カップという人は相当に癖のある人物だが、とにかく野球に対する〝情熱〟をもっている。そして当時の大リーガーには、それこそ英雄豪傑がゴロゴロしていた」

タイ・カップの野球についての考え方ははっきりしていた。「私は楽しみを求めて野球をしていたのではない。私にとって野球は娯楽ではなかった。これは力づよいプレーヤーによって争われる力づよいスポーツである。しゃれた遊び事ではないのだから、意気地なしの近寄ることのできるものではない。野球は、勝利を求めての闘争であり、弱肉強食そのものの象徴である」

やられたら、やりかえすのが流儀で、頭をめがけてビーンボールをよく投げる投手には一計を案じた。1塁手に取らせようと1塁線にわざとバントした。1塁カバーに入ろうとした投手は後ろから追ってくるカップに気づくと、1塁ベースを越えてコーチャーズ・ボックスまで走って逃げた。カップは1塁などに目もくれずに追いつくと、投手めがけて足先から突っ込んだ。相手は寸前で体をかわして危うく助かった。「この時の間一髪の脱出はよほど、こたえたとみえて、それ以後、彼は私に対して二度とビーンボールを投げなくなった」

もう1人の別の投手は暴投して、後ろに抜けたボールを取りに行ったキャッチャーからの返球を、本塁のカバーに入り待っていた。2塁に出ていたカップは猛然と3塁を回って本塁突入をはかった。タイミングは完全にアウトだったが、カップがスパイクの底を見せて襲いかかると、投手はなんと本塁から逃げ出して、観衆をアッと言わせた。おかげでカップは無事ホームインし、相手の投手はその夜限りでお払い箱になったそうだ。

また、ある日のゲームでは、若い男がフィールドに飛びおりて何やらわめきながら突進して来た。その男は「きたないぞ、カップ！」と叫ぶと、ポケットからピストルを出してカップの腹に突き付けた。「次の瞬間、私のげんこつが彼のあごを捕らえるや、若者は地面にのびてしまい、ピストルは宙にすっとんだ」

「不幸なことに、当時の球場には、現在ではもう見られぬような狂信的なファンがいた」という。カップが活躍した20世紀初めの四半世紀は極端な言い方をすれば、野球は格闘技であり、球場は闘技場とも言えた。

しかしカップは、気はめっぽう強いが、決して粗暴な選手ではなかったようだ。むしろ抜群の野球センスと頭脳的プレーが売物だった。「カップがスターだなんて、笑わせるない」などと大口をたたくキャッチャーのいるチームと対戦した。バッテリーを注意深く観察してからバッターボックスに入り、例のキャッチャーに「今日は全部のベースを盗んで見せるぜ」と宣言した。

ヒットで1塁に出ると、大きくリードをとって牽制を誘うように二、三度挑発して、「次の投球で2塁に行くぞ！」と大声を出し、二盗に成功した。「やい、大ざるめ！次の投球で3塁へ行くからな」と、いらいらするキャッチャーを挑発して、3塁を陥れた。「間抜けめ！　今度はホームだぞ」と、投手のワインド・アップと同時に半分まで走り出て、ボールと同時に本塁に滑り込んだ。審判の判定は「セーフ」。わずか

4球を投じる間に1塁から本塁まで1周したことになる。バッターは1回もバットを振っていない。カップはこれを奇跡ではなく、「頭を使うと同時に、心理的な圧力を利用したにすぎない」と記している。

こうしたスリリングな野球をカップは追求してきた。カップは『自伝』で、「今日の野球」を厳しく批判している。「近ごろの野球は、その本来の姿である火の出るような熱戦とはうらはらに、軽演芸のような味わいのないものになりさがった。（中略）バッティングは、勝手気ままに振り回す気ちがいじみた大振りと変わり、三振数がふえることなど、気にもとめない。リーグの首位打者ともあろう者が1本の犠打を放たなくても、盗塁できなくても、かまわないのだ。力さえあれば、融通がきかなくてもいいという御時勢である」

「私はもう70の坂を越えた老人である。しかし正直に言って、私は自分の生涯に一点の悔いも残してはいない。もし人生をもう一度、やり直すとしたら、私は同じことを繰り返すに違いない」。わが人生に満足しながらも近ごろの野球に我慢がならない。『自伝』の結びの「わが最後のゲーム、最後のイニング、最後の打席もこれで終わりである」という一文には、来し方と今とのタイ・カップの錯綜する思いが込められているように感じられる。

自分史の最終章は、それまでつづってきた内容とかけ離れたものであっては、取ってつけたようになる。書き方、表現法は書く人それぞれの自由であるが、自分史全体をうまく受けたメッセージに仕上げるのが自然だろう。

第４章　自分と向きあい、どこまで書くか

1　よい自分史とは

日本経済新聞の『私の履歴書』について、「面白かった」とか「心に響いた」とかいろんな評判をよく耳にする。あれこれ苦労して成功した創業経営者のようなケースは、総じて「面白い」とか「すごいね」といった感想が多い。反対に、評価が芳しくないのは「自慢話が多すぎる」と受け取られる記事である。

『私の履歴書』に登場する人物は著名人である。つまり何らかの事を成し遂げたか高い地位にのぼり詰めた人たちなので、当然、成功物語になる。だから「自慢話」と言われるのは気の毒なのだが、完璧な立派過ぎる人生を読まされると、読者は「私とは違うよね」と思うのではないだろうか。

個人的に書く自分史はもちろん、成功者に限らない。平穏に過ごしてきた人、あるいは失敗だったと悔やむ人など、いろいろな人が自分の人生を自由に語っていい。ただし、歩んできた道は違っても、第三者と共有できるものがないと、読む人から「私とは違うよね」と思われてしまう。内容は十人十色で、何がいい、何が悪いとはいえないが、第三者に「この人も自分と同じだな」と共感されることが、いい自分史の条件といえる。

要するに、同じ人間なのだという点を書き込むことである。人間は神様ではないので、よい点もあれば悪い点もある。強さもあれば弱さもある。成功もあれば失敗もある。誰にもある陰陽両面をつづれば、たとえ平凡な人生でも奥行きのある人物像に仕上がる。こうした話はこれまでも何度か触れてきた。とはいうものの、自分のマイナス面を直視するのは難しい。黒澤明が『蝦蟇の油』で述べているように「人間には、本能的に自分自身を美化する性質がある」からである。これが勝ると、「自慢話が多すぎる」となるわけだ。

『ガンジー自伝』にみる「虚飾をはいして自分を書ける」勇気

しかし『ガンジー自伝』（蝋山芳郎訳、中公文庫）を読むと、ここまで虚飾をはいして自分を書けるのかと驚く。マハトマ・ガンジー（1869－1948年）は、非暴力の不服従運動によってインド独立運動を指導し、さらにヒンズー教徒とイスラム教徒の融和を図ろうとして教条的なヒンズー教徒の青年の凶弾に倒れた。マハトマという称号は「偉大な魂」という意味で、インドの民衆から聖人のように慕われた。

そのガンジーが「わたしは13歳という年で結婚したことを、ここに書いておかねばならぬことは、辛いことである」と『自伝』に記す。当時の風習による若年での結婚なのだろう。妻も同じ年だった。13歳といえば、今の日本では中学1年生である。ちなみに民法が改正されて、16歳以上だった女性の婚姻年齢は2022年4月より男性と同じ18歳以上に引き上げられた。ともあれガンジーは早婚について批判的に書いている。「今日、わたしが面倒をみている同じ年ごろの若者たちを眺め、そして私自身の結婚のことに思い及ぶと、自分を哀れに思い、わたしと同じ目にあわないですんだ彼らを喜ばずにいられない。このような非常識な早婚をよしとする道徳的論拠は、どこにも見つけられない」

この結婚は、少年ガンジーと妻との間に悩ましいいさかいを引き起こした。ガンジーは結婚に関する種々の本を読み、妻への生涯の貞操を心に期する。誠実な性格と、浮気の機会など年齢からいってないので、たやすい誓いだった。しかし「『もしわたしが妻への貞操を誓うべきであるならば、彼女もまたわたしに対して貞操を誓うべきである』。この考えから、わたしは嫉妬深い夫になった」

「わたしは彼女の動静を四六時中監視していなければ気持がおさまらなかった。したがって、彼女はわたしの許しが出なければ、どこへも出かけられなかった。こんなことが、私たちの間に気まずい喧嘩の種をまいた」。これは妻にとって、うっとうしい。ガンジーも、13かそこらの歳では、妻が浮気しないかとやきもきする若い夫だったと知って、なぜかホッとする。世界の偉人も、人の子だったということで、ぐっと身近な存在になる。

高等学校時代、ガンジーはある親友から影響を受けた。彼は兄の元友人だった。少し危なげなところがあって、「母、長兄、それから妻は、わたしに向かって、悪い仲間をこしらえたものだ、と忠告してくれた」。しかし人間は自分に無いものを備えた人間に魅力を感じる。誠実で純真なガンジー少年は、〝悪友〟の強さに引かれたのかもしれない。

「わたしは臆病者だった」と書く。「わたしはいつも、どろぼう、幽霊、それから蛇の恐怖につきまとわれていた」。部屋に明かりをともさずには寝られなかった。真っ暗にすると、幽霊が出たり泥棒が現れたり、また蛇が出て来たりするような気がしたからだという。ガンジーは妻にこの恐怖を打ち明けられなかった。妻は暗闇を何とも思わなかった、「彼女がわたしより勇気のあることは確かだ。そしてわたしはわが身を恥ずかしく思った」。友人は、ガンジーの弱みを知っていた。「彼はわたしに向かって、彼が生きている蛇を手づかみにした話、どろぼうを打ちのめした話、それから幽霊はこの世にいない話をした」

こうした強さは、肉食をした結果だという。当時インドを統治していたイギリス人が堂々としているのも肉食のおかげという見方もあった。あれやこれやの理屈にガンジーは負けた。「肉を食べてもかまわない。そうすれば強くなるし、大胆になれる。もし国じゅうの人が肉食をすることになれば、イギリス人にうち勝つこともできよう。こんな考えがわたしに生まれた」

肉食の実験を始めることにしたが、「わたしの両親がヴァイシュナヴァ派の信心深い信徒だし、またわたしはたいへん親思いだったから、ひとに知られないようにしなくてはならなかった」。友人の誘いで親に隠れて始めた肉食は1年ほどの間に6回にもならなかったが、両親にウソをつくことに耐えかねて止めた。しかしその友人との付き合いは続けた。

今度は「この同じ友人が、わたしを妻に対する不貞に導き入れた」。友人はガンジーを売春婦のところに連れて行った。支払いも済ませてあり、手はずは全て整っていた。しかし「わたしはこの魔窟の中に入って、目はほとんど見えなくなり、舌は動こうとしなかった。わたしは自分の男性が傷つけられたように感じた。そして、恥ずかしさで穴に入りたい思いであった」。すんでのことで踏みとどまり、「神が救いたもうたことを、わたしは絶えず感謝してやまないのである」と書く。

さらに「しくじり」の記述が続く。「一人の親戚の者とわたしは、たばこを吸うのが好きになった（中略）。金が無かったので、最初は、伯父が捨てた吸殻を拾って吸っていた。それで飽き足りなくなると、紙巻きたばこを買うために、「召使のへそくりから、銅銭をちょろまかし始めた」

盗みはこれだけではなかった。「別の盗みを犯したのは15の年だった。わたしは、肉を食べた兄の腕輪から、金片を盗み取ったのである」。よく読むと、純金の腕輪から兄に代わって金を少し削り取って、兄の借金をきれいにしたというのだから、自分のためにしたわけではなかったようだ。

しかし良心が痛み、盗みは二度としないと誓い、父親に告白することに決めた。なかなか言い出せず、懺悔を文章にしたためて父親に手渡して、応分の罰を求めた。

「そのとき父は痔を病んで寝床についていた。（中略）父はそれを読み終わった。真珠の粒が頬を伝わり落ちて、その紙をぬらした。一刻、父は目をつぶって何かを考え、それからノートをひきちぎってしまった。父は起き上がってそれを読んでいたのであった。父はもとのように横になった。私もまた声をあげて泣いた」

「あの愛の真珠の粒で、わたしの心はすがすがしくなった。また、わたしの罪を洗い流してくれた。このような愛を体験した人だけが知ることである」。何もわざわざ父親に打ち明けなくても、心の中で反省していればいいではないかとも思うが、ガンジーは正直である。それを涙を流しながら無言のうちに許す父親も素晴らしい。こうした経験の積み重ねから、「マハトマ」（偉大な魂）が徐々に育っていったのかもしれない。

さらにガンジーは16歳のときのことを、悔恨をこめて述べる。病床についている父に、主に母、老いた下僕と交代でつきそって看護していた。このころ妻は身ごもっていた。「今から思えば、この事情はわたしにとって二重の恥辱であった」という。一つは、生徒の間は節制すべきだったのに、しなかったこと。もう一つは、この肉欲が両親への孝養を押しのけてしまったことである。

「あの恐るべき夜」とガンジーは書く。10時半か11時だったか、父のマッサージをしていると、叔父が交代しようと言ってくれたので、礼を言って寝室に引き下がった。「妻はかわいい寝顔でぐっすり眠っていた。しかし、わたしがそこにいて、どうして彼女は眠っていられようか。わたしは彼女を揺り起こした。ところが、それから五、六分たつと、下僕がとびらをたたいた。わたしは驚いて起き上がった」

「お父さまがおなくなりです」

「わたしは心の底から恥いり、そして悲しかった。（中略）もし獣欲に目がくらんでいなかったならば、わたしは父が息をひきとるいまわのきわに父のそばにいなかった嘆きをせずにすんだのに、ということを悟った。それは、わたしが消すことも、忘れることもけっしてできないでいる汚点である」

もし自分だったらどうか、ここまで包み隠さず書けるだろうか。ガンジーは自ら「臆病者」と書き、弱さを隠さないが、実をいうと、本質はとてつもなく強い人間なのだろう。今では政治指導者としても思想家としても偉大なマハトマ・ガンジーを知っているので、大きな人間であることは言うまでもない。これほどの人物になれば、いくら飾り立てて書いても、読者は有難く受け止めるかもしれない。しかしそれを自分に許さないところが、本当の偉さだと思う。

1925年11月26日の日付で、ガンジー56歳のときに書かれた「はしがき」に、「わたしは読者の前に、わたしの欠点やあやまちをことごとくさらけ出してみたいと思う」と書いている。そこまでは難しくても、美化した自分史はいただけない。勲章を受けるときに所管官庁に出す、自分はいかに世の中に貢献したかを述べる功績調書のようにならないように注意することは必要である。

稲盛和夫（京セラ創業者）　自分を飾らず善い考えを持って努力する生き方

令和4年（2022年）8月24日90歳で他界した京セラの創業者稲盛和夫も、自分を決して飾ろうとはしなかった。だが中小企業の経営者を中心にファンが多く、稲盛が生前主宰した盛和塾には、心酔する経営者たちが集まり稲盛の経営哲学を熱心に学んだ。その教えは簡潔で、善い考えを持って努力しなさいということに尽きる。

昭和7年（1932年）1月21日、鹿児島市で生まれた。27歳で京都セラミック（現京セラ）を創業し、ベンチャービジネスの旗手として一躍注目された。52歳で第二電電企画（ＤＤＩを経て現ＫＤＤＩ）を設立して畑違いの通信事業に進出。78歳で日本航空の会長に引っ張り出されて同社の再建を成し遂げた。こうした実績により「経営の神様」の異名をとったが、本人は神様のようにあがめられるのを好まなかった。京都市にある京セラ本社の隣に稲盛の事績を展示する稲盛ライブラリーがある。完成したとき、一通り視察した稲盛が漏らした感想は、ひとこと「立派過ぎる」というものだった。

取材で会うと、カリスマ経営者という世評とは異なり純朴な人間という印象を受けた。それは初対面の53歳のときから日航の再建を終えた晩年まで、一貫して変わらない。「自分は弱い人間」と自己を認識しており、それを自分史でも隠さない。代表的なものは２００１年3月に日本経済新聞に連載した『私の履歴書』である。それを加筆したものが現在、日経ビジネス人文庫に『稲盛和夫のガキの自叙伝』として収められている。もうひとつは青少年向けに書いた『君の思いは必ず実現する』（財界研究所）だ。これは人生を振り返りながら、どのように生きるべきかを説いたものである。

稲盛はリスクを恐れず挑戦するアニマルスピリッツあふれる経営者に見えるが、幼少のころは全く違う一面を見せていた。「私は小学校に上がるまで、内気でマザコンみいたいな子供で、母親のお尻について歩いていました」と話していた。『稲盛和夫のガキの自叙伝（以下自叙伝）』には、こう書いている。小学校の入学式が終わり、教室に入って席に着いた後である。「先生の話がひとまず済んで、『父兄の皆さん、どうぞお引き取り下さい』と聞いたとたん頭が真っ白になった。母が自分をおいていく。そう思ったら涙があふれてきた。帰るに帰れず母は教室の後ろでたった一人最後まで残ってくれた。『あんな恥ずかしいことはなかった』といつまでもいわれた」

兄の利則も「小学校に入学したころは、独りでは学校にもよう行かんという子でした」と言っている。そんな稲盛が高学年になると変わった。『自叙伝』に「弱虫がまともに育ったのは鹿児島県独特の郷中《ごじゅう》教育で鍛えられた面がある。本来は武士の子弟の寺子屋だ。明治以降も各地域で先輩が後輩の小中学生の心身を鍛錬する場として存続していた。薩摩藩に伝わる示現流のけいこもあった。いつしか上に立ってこそ男と思うようになってきた。人を差配するのは快感がある。ガキ大将の目覚めだ」とある。

兄の利則も、ガキ大将への変貌を認める。「私がガキ大将だったので、ついて歩いているうちにかわったのか」と推測した。いずれにしても生まれながらにして豪快な人物というわけではない。本質的にはどちらかといえば神経質なタイプなのだろう。

それを示すエピソードがある。昭和19年の春、名門の鹿児島第一中学校の受験に失敗して尋常高等小学校に入学したころ、満州（中国東北部）から一時帰国した叔父からもらったらしいシラミに刺されて、熱が出て寝込んだ。病院で診てもらうと、「結核の初期症状である肺浸潤」だった。当時、肺結核は死病と言われた怖ろしい病だ。

病床に臥せっていると、隣家の奥さんが本を貸してくれた。「成長の家」の主宰者谷口雅春の『生命の実相』である。死の不安にさらされていたので、むさぼるように読んだ。その中の一文に引きつけられた。『自叙伝』から孫引きすると「われわれの心の内にそれを引き寄せる磁石があって、周囲から剣でもピストルでも災難でも病気でも失業でも引き寄せるのであります」というくだりだった。稲盛には思い当たることがあった。

稲盛は結核を患っている叔父がいる部屋の前を通るときは、感染を恐れて鼻をつまんで走り抜けていた。しかし子供なので、息が続かず、部屋の前で深呼吸する始末だった。対照的に兄は全く気にせず、父も叔父のそばで看病を続けた。皮肉にも感染を一番警戒していた稲盛だけがかかってしまった。

『君の思いは必ず実現する』の中で稲盛は自戒する。「結核がうつってはたいへんだと、その場所から逃げよう逃げようとしていたわたしがそういう目に合ったのは、自分のことだけを考え、結核を避けようとする、わたしの弱い心が災いを呼び込んでしまったのではないかと思いました」

「わたしは子供ながらに大いに反省したことをいまも覚えています。この谷口さんの『生命の実相』との出会いは、わたしに心のありようを考えるきっかけを与えてくれました」。ガキ大将に生まれ変わったつもりが、中学受験では子分が受かり自分は不合格。結核を怖がって逃げていたら感染した。これらの苦い経験は、自分の弱さを改めて知るよい経験になった。

鹿児島大学時代には、人間の器をどう見たらよいかを会得する機会があった。それを稲盛は『君の思いは必ず実現する』に書いている。工学部の同じ化学科に、大学に来ないでパチンコばかりやっている同級生がいた。落第したので、年は1歳上だった。

「そのころわたしはいわゆるガリ勉で、パチンコなんてしたこともありません。そんなまじめなわたしを見て、彼がパチンコに誘ってくれたことがありました。『稲盛君、パチンコをしたことがあるかい』『いや、ない』『それなら連れて行ってやろう』」

同級生は鹿児島一の繁華街にあるパチンコ屋に案内すると、稲盛に100円か

２００円の遊ぶ金をくれた。「正直な話、わたしはパチンコなんて行きたくありませんでした」と稲盛は思っていた。遊び人の同級生を「だらしがないから勉強もできないし、落第もするんだ」と見下していた。しかし断り切れずについていくのだから、稲盛も付き合いがいい。「早く帰って勉強したいな、と思いながらパチンコ台に向かって打っていると、あれよあれよという間に負けていきます」。一方。同級生は箱が玉で一杯になっている、しばらく見ていたが、「もう負けたから帰る」と言って引き揚げた。

「ところが何日かすると、また『おい、パチンコに行こう』と彼が誘ってきたのです。やむをえず一緒に行くとまた負けました」。３度目だった。玉を打ち尽くした稲盛がまた「帰るわ」と言うと、「稲盛君、ちょっと待てよ。もう少しで終わるから」と引き留めた。もう１人いた別の遊び人も一緒に待つことになり、「わたしはイヤな顔をしていただろうと思います」と振り返っている。

ようやくパチンコ屋を出ると、同級生は２人を連れて食堂に入った。そこの名物メニューのうどん玉が２つ入った「ビックリうどん」をご馳走してくれたのだ。

「その日のパチンコで勝ち取ったものを独り占めするのではなく、その分け前を友人にもお裾分けするという彼の行為に、わたしは頭を殴られたような衝撃を受けました。毎日、学校と図書館しか行き来していない同級生を誘い、自分のお金を出して社会見学をさせ、つまらなそうにしていると、自分がパチンコで勝ったお金でごちそうまでしてくれる。それまで『遊んでばかりいるから落第したりするんだ』と軽蔑さえしていた彼が、とたんに大きな人物に見えてきたのです」

「それに比べて自分は『お前も楽しめよ』とお金までもらって遊ばせてもらっていたのに、それを楽しもうとせず、負けたらさっさと帰っていく。『自分は何と器量の小さい男か。まだまだ人間ができていないな』と、反省しました」

大学4年生のときには、あるメーカーにこの同級生と一緒に実習に行った。そのときも企業での人との付き合い方などを、同級生に習ったという。「彼は大人びていて、社会人とも対等な付き合いができたので、わたしは彼の後ろをオドオドしながらついて歩いては、『なるほど、こういうときにはこう挨拶するのか』と学んだものです」と、稲盛は率直に書いている。

就職は希望通りにはいかず、教授の紹介で京都の碍子メーカーにやっと採用されたが、ここも給料が遅配になるような会社だった。一時は転職しようと試みたが失敗し、観念してニューセラミックスの開発に取り組む。やってみたら、開発の面白さに目覚め、京都セラミックの創業につながった。ここから稲盛はあれよあれよという間に傑出したリーダーになって行ったのだが、栴檀《せんだん》は双葉《ふたば》より芳《かんば》しではなかったわけだ。つまり青少年時代からずば抜けて優れていたのではない。

もっとも、泣き虫だった小学1年生のときの成績が「オール甲の優等生」だったとか、大学の卒論がある教授から「これは東大生のよりすばらしい」と絶賛されたとか、いろいろ『自叙伝』には書いてある。しかし小さい頃にガキ大将だったとはいえ、天性の指導者タイプではなかった。

そのことを稲盛は自覚していた。自分に重ね合わせて独特のリーダー観を、筆者に語ったことがある。「繊細でたえず反省するような人はリーダーには不向きですが、おとなしくて引込みじあんでも、場数を踏んで、次第に度胸をつけて後天的にリーダーの資質を身につけた人が真のリーダーだと思います」。稲盛がよく「善き考え方」や「哲学」「人格」などの重要性を説いたのも理由がある。「私は自分が泣き虫で弱い人間だと思っています。人間の弱さを知っているので、易きに流れないように哲学を大事にしているのです」

稲盛の話は一見きれいごとに思えるが、全て経験によって裏付けられた考え方なのである。実際に一つひとつ学び取ってきたものを積み上げて自分なりに消化したものなので、稲盛が生前主宰した盛和会に集まった中堅・中小企業の経営者の心に響いた。

例えば、他人のやらないことをやるのがベンチャービジネスであり京セラはそうやって成長した。これについて稲盛は「大企業と同じことをしていては、人材、資金、信用など全てに劣る中小企業は絶対に成長できないからです」と言っていた。あえて困難な製品開発に挑みつづけたのは、理屈ではなかった。零細な企業が生き延びるためには避けられない道だと考えていたためである。

とはいえ成功する保証はないのだから、しんどい道である。途中で心が折れたり適当に妥協したりしそうなものだが、稲盛流の判断基準があった。「人間として何が正しいのかの一点です。ビジネスであれ、テクノロジーであれ、何であれ、人間として何が正しいのかどうかを基準に物事を決めてきました」という。この考えは碍子メーカーの現場で開発に取り組んだときの経験に基づいている。

セラミックスの開発は試行錯誤の連続である。焼き上がって計測したとき、失敗続きで疲れてくると計器の目盛りを都合よく読みたい誘惑にかられてくる。そんな邪な思いを抑えて正しく読む姿勢を堅持しなければ、開発の仕事は成り立たない。最初から正解の無い経営判断も、確固とした基準が要る。異分野の第二電電の創業も、談合体質の大企業に任せず、新興勢力の自分が飛び出した方が、競争を盛んにして電話料金の引き下げに資すると判断した。「荒野に道を求めようとすれば、いわゆる羅針盤が要ります。その羅針盤に当たるものが、人間として何が正しいかという判断基準なのです」と、稲盛は説明する。

哲学を重視する姿勢がいかに徹底していたかについて、稲盛はあるエピソードを話してくれた。京セラが昭和46年（１９７１年）に大阪証券取引所市場第二部と京都証券取引所に株式を上場する前のこと、まだ30歳代だった稲盛は住友銀行（現三井住友フィナンシャルグループ）の堀田庄三頭取に会って、「住友銀行のフィロソフィは何か」と単刀直入に問い質したのである。

住銀の京都の支店長に稲盛が「お宅の銀行の哲学がよければ本格的に取引したいので、堀田頭取に会わせてください」と求めて実現した面会だった。大阪の住銀本店を訪ねると堀田が「今日はあなたの面接を受けるそうですな」と応じてくれたが、話がかみ合わない。稲盛は「私は松下幸之助さんも尊敬していて、ＰＨＰも社員に読ませています」と話すと、堀田は「あなたはまだ30代なのに老成したことを言いますな。幸之助さんも若いころはやんちゃで遊んでいました。歳を重ねて今のようになったのですよ」と返された。

「ばりばり仕事をしているあなたも、遊んだっていいんですよ。そんな聖人君子みたいなことを言っているようでは、若さが感じられませんな」と諭された。稲盛は内心「なんだ。堀田さんを尊敬していたのに、がっかりだな」と興ざめしたそうだ。しかし「私は老成していると言われたけれど、この思想を持って若さを発揮すれば、堀田さんより成功するかもしれないな」と思い直したという。稲盛は生真面目だった。

「いい加減な人間は嫌いです」と言っており、自分にも社員にも厳しかった。

稲盛は自分の中に2人の稲盛がいるという話をよくしていた。「私はシャイで弱虫で内気な人間なんです。それに対して別の私が、卑怯な真似をするな、倫理にもとることなかれと、絶えず叱り鼓舞するのです。私は人間の弱さを知っているので、何が正しいかの判断基準を信念にまで高めて、それによって自分が易きに流れないように踏みとどまっているのです」というわけである。

稲盛の旺盛なアニマルスピリッツは、意気地なしの自分と向き合って、それを乗り越えようと絶えず努力してきた賜といえる。このため稲盛が自分史に自分の弱さ、いたらなさを書いたのは、等身大の自分の歴史をつづろうと思ったら欠かせない要素だったからである。何を書き何を書かないかは、どのような自己認識を持つかにかかっている。そのためには、自分をぎりぎりまで見つめ直さなければならない。

2　自分の真実を追求する

自分史は、勲章をもらうための功績調書のようによい話ばかりで埋めるものではないと前に書いた。同時に、自分の恥部をことさら強調して売る出来の悪い私小説のような書き方もいただけない。

自分の真実を書くことが基本で、そのために可能な限り正直に書く必要がある。この点については、岩波文庫版の『改訂 福翁自伝』に小泉信三が書いている解題が参考になる。

小泉信三が指摘する『福翁自伝』の魅力

小泉信三は明治21年（１８８８年）生まれで、父小泉信吉《のぶきち》は慶應義塾長だった。信三も昭和８年（１９３３年）から同22年まで塾長を務めた。父の死後、福澤邸内にある家に一時住んだことがある。諭吉が明治34年（１９０１年）に他界したとき、信三は12歳だった。福澤諭吉について岩波新書の『福沢諭吉』や『小泉信三エッセイ選２

私と福澤諭吉』（慶應義塾大学出版会）などの著書がある。

小泉は『改訂 福翁自伝』の解題でこう指摘する。「誰れの生涯にも、愉快な記憶ばかりではない。強ひてもとめられもしないのに、進んでその不愉快な記憶を語る必要はない譯である。福澤の場合とても、恐らく同様であろう。従って福澤は、この『自傳』で、凡ての眞實を、包まず語り盡《つく》しているとは誰れも保證できぬ。ただ普通の標準を以て見れば、福澤はそこに自分について――自分の弱點と見られるものについても――随分打ちまけて語っている」

『福翁自伝』の魅力は、そんなところにもある。小泉は例を挙げる。「ある時代暗殺を恐れて、家の中に逃げ途を造ったとか、臆病で、血を見て氣が遠くなったとか、或場合金銭の誘惑を斥けるのに悩んだとか、酒に目がなくて、『殆ど廉恥を忘れるほどの意氣地なし』であったとかいふことは、いはないでも濟むことであるが、福澤はそんな事を憚《はばか》らない」

大阪の適塾時代には、よく悪いいたずらもした。『改訂 福翁自伝』に、人をだまして河豚《ふぐ》を食わせた話を書いている。「鯛の味噌漬」と偽って書生に食べさせて、河豚だと明かしたら、それまで「うまい」と喜んでいた相手がぎょっとした。「サア氣を揉んで私に武者振付《むしゃぶりつ》くように腹を立てたが、私も後になって餘り洒落《しゃれ》に念が入過《いりす》ぎたと思て心配した」と、福澤も少々気がとがめたようだ。

しかし小泉は「ジャン・ジャック・ルソオの『告白』の露悪を喜ぶやうな一部の讀者から見れば、『福翁自傳』が語る生涯は清潔過ぎて、物足らぬかも知れない」という。松永安左エ門の『人間　福澤諭吉』にこんなエピソードがある。晩年の福澤を囲んで、学んだ者たちが歓談していたとき、「先生は品行方正だと威張っておられますが、若い頃には、女郎買いぐらいはやっぱり行かれたもんでしょう」という質問が出た。松永も息をのんだ。

これに福澤ははっきり答えた。「ところがそうでないんだ。私は幼少の頃から酒が好きで、酒のためにずいぶんと苦労もし、わるだくみもしてきたが、品行はあくまで方正、これだけは青年時代の乱暴書生にまじっても、家を成して後、世の中のさまざまな連中と交際しても、人とちがって少しは大きな口が利けた。（中略）花柳社会の消息も、人の話を聞けば、その様子はたいていこまかにわかる。そんなつまらぬことは、判ったら判ったで平気に済ましておればそれでよい。何も彼もすっかり判っていて、敢えて身を鉄石に守り抜くのが私の行き方、いわば、朱にまじわって赤くならぬのが建て前。これはなかなかに難しいことだが、難しければ難しいほど、むしろ私は大きな誇りに感じられるのである」

小泉の文章に戻ろう。「公人としての進退の嚴正であったこと、私生活（婦人に關する）に不潔の所業のなかったことに於て、福澤の生涯はやはり珍しい生涯であった。ルソオの『告白』のやうなものの方が好きだといふのは、人の自由であるが、『告白』の方が『福翁自傳』よりも眞實を語ってゐるというのは當らない。二人の生涯の眞實そのものが違ったのである。福澤の方が眞實高い生涯を生きたのである」。最後の一行は、小泉の見方だが、それぞれの真実が違うというのは同感である。要は、自分の人生を見つめて、その真実をどこまでありのままに書けるかが重要なのである。

内村鑑三（キリスト教思想家）の真実の追求

明治の文明開化の時代にキリスト教に入信した内村鑑三（１８６１－１９３０年）が著した『余はいかにしてキリスト信徒となりしか』（鈴木範久訳、岩波文庫）は、題名そのものの直球の書である。本書は英文で書かれ、明治28年（１８９５年）５月に初めて刊行された。まえがきに、「本書の各ページは、私が通過してきた魂の成長のさまざまな段階の正直な告白であります」と記している。

さらに序文に、「私は自分がいかにして（how）キリスト信徒となったかを書こうとしているのであって、なぜ（why）ではありません」と書く。内村は日記をつけており、「私は、自分の日記を『航海日誌（log-book）』と呼んでいます。それは、このみすぼらしい小舟が、罪と涙と多くの苦悩を通り抜けて、天上の港に向かう日々の進み具合を記したノートであるからです」という。

生まれたのは文久元年（１８６１年）３月23日（旧暦2月13日）で、米国の黒船４隻が浦賀に来航してから8年後で、明治元年のときは7歳だった。上州・高崎藩士の子で、儒教教育を受けた。小さいころを顧みて、「無数の神社にはそれぞれの神が住し、その支配権の侵犯に心を配り、気に入らぬ行為をなす者はだれであれ、ただちに罰するものだと私はただ信じるだけでなく、信じこんでいました」と書いている。八百万の神様を信じて、「宗教的感性」を十分備えていたことが分かる。

12歳で上京して有馬私学校に入学し、友人に誘われてキリスト教の礼拝所に日曜のたびに通うことになった。内村は「居留地への日曜遠足」と名づけた。「キリスト教は入信を勧められないかぎり、楽しいものでありました。その音楽、その物語や信徒たちが示してくれる親切は、とても気に入りました」という。「幼いころから私は、なによりも祖国を尊び祖国の神々を拝し、他国の神々を拝してはならないと教えられてきました」。もともとキリスト教を信仰の対象とは考えていなかったのだ。

明治10年（１８７７年）、16歳で札幌農学校に入ると、２年生は全員が、「少年よ、大志を抱け」の言葉でしられるクラークに教化されてキリスト教に入信していた。新入生は次々と入信させられ、「私一人『異教徒』として、忌むべき偶像崇拝者、救いがたい木石礼拝者として残されました」。抵抗したが、ついに負けて「イエスを信ずる者の契約」に署名した。「私のキリスト教への第一歩は、私の意志に反した強制されたものでした。また、良心にもいくらか反していた点も告白しなくてはなりません」

ところが「新しい信仰の実利はただちに私に明らかになりました」という。キリスト教の唯一神信仰によって、八百万の神々への信仰から解放されたからだ。翌年17歳で米国人宣教師によって洗礼を受けた。洗礼名は「ヨナタン」である。信仰はますます深まり、キリスト教国に特別の尊敬の念を持つ内村は明治17年（１８８４年）、23歳で渡米する。

この『余はいかにしてキリスト信徒となりしか』は、4年後の27歳のときに帰国したところで終わっている。結びの文章は「もしも、私の人生が書くに足る波瀾に富み、読者が私の話し方に退屈なさらないならば、私は『余はいかにしてキリスト信徒として働きしか（How I Worked a Christian）』と題する同じような書物を別に記すつもりです」となっている。

この書には、なぜか個人的に重要と思われる話が書かれていない。それは結婚とその破綻である。明治17年3月、前年に知り合った女性と結婚したが、半年ほどしか続かず10月ごろには別居する。内村は翌月、米国に向けて出発した。岩波文庫の訳者鈴木範久は巻末に寄せた「若き内村鑑三と心の世界」に、その事情を書いている。「新妻は多くは家にあって結婚を強く反対していた両親と同居していたとみられる。想像するに彼女には耐えられないような暗く重苦しい日々であろう。やがて、そのような生活の破綻が突然訪れる。少なくとも内村には妻の不貞としか思われない出来事のためだった。親友宮部にあてた手紙で、内村は、妻をして『羊の皮を着た狼』とまで酷評している。こうなると、もはや結婚生活は成り立たない」

この1件は信仰にどのように影響したのだろうか。内村は本書では全く触れていないので、推測するしかない。訳者の鈴木は「第5章の終わりには、渡米の理由として心の『真空』があげられており、その最大の原因は結婚生活の破綻とみてよい」と書いている。

ともあれ、こうした事情を知らずに読んでも、『余はいかにしてキリスト信徒となりしか』は、武士の家に生まれた一青年が、日本人のアイデンティティーを失わずに、キリスト教を受容した道程を十分に知ることができる。内村鑑三は、求道的な魂の記録に絞って真実を追求したように思う。

自分史に何を書くか何を落とすかの取捨選択は、基本的に自分の人生を貫くテーマに照らして決めるべきだろう。ただし秘めておきたいことが、どんな人にもあると思う。先に取り上げた洋画家の中川一政は『腹の虫』の最後のところで断っている。

「この文章をそろそろしめくくらねばならない。書くべきことはまだまだある。80年の生涯は、40年50年の生涯の比ではない。しかし書かねばならないことで、どうしても書けないことがある。それは心の傷である。その傷にまたメスをいれる痛みにたえかねる」

自分史に類するものを全く書けない人もいる。例えば、財界人といわれる経営者で、日本経済新聞の『私の履歴書』の執筆を頼まれても断り続けて鬼籍に入る人がいる。政界、財界に精通して、かつその世界でプレーヤーだった人は、公にしにくい話が多い。それを全く抜きにして書けば、「きれいごとばかり書いている」と事情通に言われるのに決まっている。そんな恥ずかしいことはしたくないとわきまえているのだろう。

こういう人は極端なケースで、自分史ではなくて第三者が書く他伝つまり評伝の対象である。それ以外の人は、できるかぎり正直に、かつ無理のない範囲で、自分史を書けばよい。書き上げてから読み直して、そこに建前ではない自分の真実があれば完成である。

著者紹介

森　一夫（もり　かずお）

1950年東京生まれ。72年早稲田大学卒業，日本経済新聞社入社。
産業部編集委員兼論説委員，早稲田大学大学院客員教授，論説副主幹兼産業部編集委員，特別編集委員などを歴任。

現在，フリーのジャーナリストとしてインターネットニュースサイト「ニュースソクラ」でインタビューシリーズ「『わが経営』を語る」，日本経済新聞読書欄「リーダーの本棚」などを執筆するほか，労働政策研究・研修機構総合評価諮問会議委員などを務める。

著書に「井深大　自由闊達にして愉快なる－私の履歴書－」（第２部執筆，日経ビジネス人文庫），「中村邦夫『幸之助神話』を壊した男」（日本経済新聞社），「日本の経営」（同），「経営にカリスマはいらない」（日経プレミアシリーズ）など。

日本経済新聞の名物コラム「私の履歴書」を担当。担当した執筆者は，山路敬三（日本テトラパック会長），樋口廣太郎（アサヒビール会長），安居祥策（日本政策金融公庫総裁），渡文明（JXホールディングス相談役）（執筆者敬称略，肩書は掲載当時）。

著者との契約により検印省略

令和５年２月10日　初版第１刷発行

読み継がれる自分史の書き方

著　者　森　一　夫
発行者　大　坪　克　行
印刷所　税経印刷株式会社
製本所　牧製本印刷株式会社

発行所　〒161-0033 東京都新宿区下落合２丁目５番13号　株式会社 **税務経理協会**

振　替 00190-2-187408　電話 (03)3953-3301（編集部）
ＦＡＸ (03)3565-3391　(03)3953-3325（営業部）
URL　http://www.zeikei.co.jp/

乱丁・落丁の場合は，お取替えいたします。

ISBN978-4-419-06903-2　C0023